포레스트 웨일 공동 작가

노을은
여운이 된다

이겸 | 명랑소녀 | 꿈꾸는 쟁이 | 김혜지 | 아루 | 김예빈 | 백현기
이혜성 | 강대진 | 최나연 | 류광현 | 재이 | 윤병헌 | 묵상회 | 윤서현
임은혜 | 고태호 | 하다니엘 | 이연화 | 이상헌 | poet_la_vi_een_rose
루시아(혜린) | 우주 | 고유정 | 임만옥 | 닌자토깽이 | 김미영 | 여휘운
전갈마녀[조해원] | MOLee | 문미영 | 조현민 | 윤슬인 | 영지현
Bluebird JE | 안세진 | 류가민 | 신윤호 | 하형정 | 최이서 | 신은서
동네과학쌤 | 주변인 | 문병열 | 김태은 | 김채림(수풀) | 이기선
김현아 | 윤아정 | 달미꽃 | 권하린 | 박미나 | 비온담 | 김감귤
문순천 | lilylove | 임영균 | 사랑의 빛

차례

필명	노을	페이지
1. 이겸	행복은 때를 따라오지 않는다	11
1. 명랑소녀	해가 지는 노을빛	13
2. 명랑소녀	마음을 녹여주는 공간	15
1. 꿈꾸는 쟁이	노을이 되어	16
1. 김혜지	노을의 끝에서 다시 너를 생각해	17
2. 김혜지	노을이 지는 골목에서	23
1. 아루	노을 지평선 아래	29
2. 아루	해 질 녘 손님	31
3. 아루	내일의 노을	33
1. 김예빈	지면	35
1. 백현기	조금만, 천천히	36
1. 이혜성	해야	40
2. 이혜성	노을	41
1. 강대진	노을	43

1. 최나연	오렌지빛 하루 끝에	45
2. 최나연	오렌지빛 한 조각	49
1. 류광현	빛과 그림자가 입을 맞추는 시간	51
2. 류광현	다짐이 물드는 저녁	54
1. 재이	노을	58
1. 윤병현	나에겐 소중한 사람	59
1. 묵상회	잊을 수 없는 여백	60
2. 묵상회	지평선의 살기	62
1. 윤서현	삶이란	64
2. 윤서현	석양 속에 두고 온 사랑	66
1. 임은혜	질어지는 하늘, 노을 어딘가	67
2. 임은혜	노을의 시간 : 중간	69
3. 임은혜	노을의 여운이 머무는 자리	71
1. 고태호	슬픔의 이유	73
2. 고태호	황혼의 꽃	74
3. 고태호	노을	75
1. 하다니엘	노을 진 거리에서	76
1. 이연화	노을에 물든 약속	80

2. 이연화	붉은 노을을 닮은 사랑	82
1. 이상현	기억 속 노을	84
2. 이상현	붉은 세계	86
1. poet_la_vi_een_rose	노을과 붉은 뺨	88
1. 루시아(혜린)	노을	89
1. 우주	닿지 않을 수신인에게	90
2. 우주	분홍빛 노을이 질 즈음이면	92
1. 고유정	노을의 바다	94
1. 임만옥	하늘이 준 선물	96
2. 임만옥	노을에게 말을 걸다	99
1. 닌자토깽이	노을이 있는 풍경	105
1. 김미영	붉은 노을	106
1. 여휘운	쌍방향	108
1. 전갈마녀[조해원]	아침노을, 저녁노을	110
2. 전갈마녀[조해원]	너에게 가고 있다	112
1. MOLee	아침 하늘빛	113
3. 최나연	붉은 노을빛 아래	114
1. 문미영	이쁜 노을을 보면 네가 생각나	116
1. 조현민	노을은 끝이 아니라	117

1. 윤슬인	노을이 들려준 이야기	119
1. 영지현	갈라진 하늘	125
2. 영지현	붉은 노을	128
1. Bluebird JE	저물어 가는 노을	130
2. Bluebird JE	노을	131
1. 안세진	하루를 끝내고 바라보는 노을	133
1. 류가민	노을이 준 위로	135
1. 신윤호	너라는 노을	141
1. 하형정	너와 처음 노을을 보던 날	142
2. 하형정	노을 앞에 선 억새	144
1. 최이서	노을	146
2. 최이서	그날의 노을 진 창가에 앉아	148
1. 신은서	Requiem for me	150
1. 동네과학쌤	노을이 기억하는시간	151
1. 주변인	시간선의 미술	156
1. 문병열	붉게 물들어간다	157
1. 김태은	능소화의 여름	158

필명	여운	페이지
2. 이겸	번지는 물결	160
3. 이겸	숨	162
1. 김채림(수풀)	보석 같은 그대	164
2. 김채림(수풀)	설익은 딸기 맛	165
2. 꿈꾸는 쟁이	당신의 여운	166
3. 꿈꾸는 쟁이	당신에게도	167
3. 김혜지	여운은 가끔, 말보다 오래 남는다	168
2. 김예빈	가끔 떠오르는	175
3. 김예빈	텅 빈 자리	176
3. 이혜성	전진	177
2. 강대진	침묵이 주는 여운	179
3. 강대진	비행 후 남는 여운	181
1. 이기선	하얀 잔, 밤빛을 담다	183

3. 류광현	마음 끝에 남겨진 것들	185
2. 재이	여운 때문에	189
3. 재이	여운에게	190
2. 윤병현	좋았던 사람의 영향	191
3. 묵상회	여름 속 얼어붙은 심장	192
3. 윤서현	일부러 틀리는 것	194
2. 하다니엘	맞이하는 아침 햇살의 여운이란	195
3. 하다니엘	수채화로 꽃 피우다	199
1. 김현아	가장 크게 반짝이는 별	203
3. 이연화	모든 순간들이 여운처럼 남아	206
3. 이상현	찰나의 침묵	209
2. poet_la_vi_een_rose	사건의 후유증	210
3. 우주	이름 모를 애정의 주인	211
1. 윤아정	네가 내게 남긴 것	214
2. 닌자로깽이	미소가 머문 자리	217
1. 달미꽃	당신이 남은 왼손	218
2. 김미영	여운	219
3. 김미영	여운을 담다	221

1. 권하린	지우개	223
3. 전갈마녀[조해원]	간직하다	224
1. 박미나	익숙함에	226
2. MOLee	초승달과 샛별	227
2. 조현민	끝나지 않은 끝	228
1. 비온담	잔향	230
2. 비온담	호흡	232
2. 안세진	삶의 여운	234
3. 안세진	해 질 녘 노을과 중년의 회한	236
2. 신윤호	종소리	241
3. 하형정	소등섬에서 가져온 여운	243
1. 김감귤	남아있습니다	245
2. 김감귤	여운의 흔적	247
3. 최이서	지독한 여운	249
1. 문순천	어느 여름, 그리다 책방이 남긴 깊은 여운	251
2. 윤슬인	끝난 다음에야 시작되는	260
1. lilylove	흐린 하늘과 마음	262
2. 주변인	여운으로 피어올라	264

3. 주변인	여운도 이렇게	265
1. 임영균	너의 하늘	266
2. 문병열	그런 사람	268
1. 사랑의 빛	사랑이 남는다	269
2. 사랑의 빛	나의 여운	272

포레스트 웨일

공동 작가

노을

1. 이겹

행복은 때를 따라오지 않는다

항상 행복한 일만 있는 인연은 없어.
종일 불행한 날이 있는 것처럼 종일 행복한 날도 있는 거지.

그래서 그랬던 거였지,
우리의 잘못이 아니었어.

행복하지 않은 날을 바라보며,
앞으로도 그럴 거라고 믿은 우리만 있었지.

하루 종일 가득 사랑하다가도,
한마디 말도 안 하는 그런 날도 있다는걸, 왜 몰랐을까.

그 사실을 알았다면 우리는 아직도

뜨거웠다가, 미지근했다가, 차가웠다가, 하며
우리의 페이지를 가득히 채워가고 있을까.

뜨거운 온도로 그린 파란색과,
차가운 온도로 그린 빨간색처럼.

적당히 보라색을 띠는 그런 사랑을 하고 있을까.

오늘따라 노을이 꼭 보라색이다,
네가 참 보고 싶은 날이야.

1. 명량소녀

해가 지는 노을빛

서서히 천천히 걷다 보니 해가 조금씩 지는 것이 보였습니다. 런닝을 시작하지 얼마 안 되었지만 그만큼 뛰면서도 해 지는 모습을 보면 하루를 마무리하였는데 계절로 보는 노을은 다르고 다르면서도 희망과 꿈을 펼치게 해주었습니다. 학생 때 카메라 대신 휴대폰으로 예쁜 풍경을 찍는다고 막 하늘에 보이는 풍경을 찍다가 해가 지는 것을 보면서 노을 예쁘다 저 풍경도 추억이 되지 않아 하면서 노을 사진을 모아놓기 시작하였는데 정말 그때부터는 일 마치고 일을 하면 각도가 다르고 위치가 다르지만 노을이라는 걸 보면서 마음의 안정을 찾을 수도 있었습니다.

정말 어린 나이에는 몰랐지만 성장 후 보니 열심히 사는 나를 보면서 노을과 함께 매일매일 행복의 에너지를 전달하자면서 아름다운 노을이 될 것이라 생각도 하게 되었습니다.

밭일을 하고 돌아오면 보이는 하늘도 땀 흘리고 보아서 더욱 아름다웠습니다.

무지개처럼 붉은 노을 매일 힘차게 살아가 보려고 합니다

2. 명량소녀

마음을 녹여주는 공간

해가 질 때 웨딩 촬영도 하고 노을 사진 찍는 사진작가분들이 있다. 그걸 보면 따뜻함을 녹여주는 노을이라고 생각하게 되었는데 바닷가에서 해가 질 때 사람들이 움직이다 보면 아름다운 풍경 사이에 노을이 올라와 아름다운 공간이라고 도 느껴졌다.

웨딩 촬영을 할때도 산 끝에서 해가 지거나 바닷가에서 해가 지면 아름답고 따뜻한 노을이 올라와 좋은 풍경도 남겨주는데 두 사람에서 행복과 사랑이 느껴지는 불타는 노을이라고도 생각한다.

이동 방향에 따라 구름 사이에 해가 있고 바닷가 사이에 있으면 산 사이에도 있는데 자연에서 나오는 풍경이 바로 노을이기도 하다. 따뜻한 마음이 노을에게서 불타오르면서 더운 여름을 알차게 알려주는 것도 있었다

1. 꿈꾸는 쟁이

노을이 되어

더운 여름날에도 저녁녘이 되면
노을이 여름 하늘을 아름답게 물들이듯
언젠가부터 당신이 내 마음에 스며들었다.
이제는 내가 노을이 되어
당신 마음속에 스며들고 싶다.

1. 김혜지

노을의 끝에서 다시 너를 생각해

그날, 해가 유난히 천천히 지고 있었어.
안국역 4번 출구에서 나와 익숙한 골목으로
들어섰지.
돌담 사이로 노을이 조용히 스며들고, 기와
지붕 위에 붉은빛이 내려앉던 오후.
한옥 처마 밑을 걸으며 우리는 말이 없었어.
나는 손에 달고나 라테를 들고 있었고, 너는
빈손이었지.

컵 안에서 천천히 녹아내리던 달고나가,
마치 우리 같았어.
겉으론 따뜻하고 평온했지만,
속은 조용히 부서지고 있었던.

"이 장면, 나중에 기억날 것 같아.
이상하게."

그때 네가 그렇게 말했을 때,
나는 고개만 끄덕였어.
괜한 말 한마디가,
우리를 무너뜨릴까 봐.

그게 너와 나,
마지막으로 나눈 대화였어.

그 후로 나는 오랫동안 안국역을 피했어.
한옥 골목을 걸을 때마다
네가 따라오는 듯한 기분이 들었거든
노을이 번지는 시간이 오면,
마음 어딘가가 조용히 무너졌어.
그리고 그 붉은빛 속에서
나는 늘 너를 떠올렸어.

이상하지?

우린 서로에게 상처도, 원망도 남기지
않았는데
왜 이렇게 오래도록 마음이 물드는 걸까.
말없이 끝난 사랑은,
말보다 더 길게 남는다는 걸
그때 알았어.

사랑을 하고,
사랑이 끝나고,
나는 처음으로 '여운'이라는 감정에 대해
생각했어.
그건 잊지 못함이 아니라,
기억을 살아 있게 두는 방식이었어.

달고나처럼,
조금씩 스며들어 있다가
어느 순간 사라지는.
그러다 문득, 또다시 혀끝에 남는.
그런 감정.

요즘은 다시 안국역에 가.
마음이 가라앉을 때,
혼자 걷고 싶을 때.
그 골목의 조용함이,
내 안의 소음을 잠재워주더라.

한옥 옆 조그마한 카페에 들러
달고나 라테를 한 잔 시켜.
달고나는 천천히 녹고,
나는 그 잔을 마시며
천천히 너를 떠올려

그리고 이젠 조금 다르게 말해.
"보고 싶다." 대신
"그땐 참 좋았지"라고.

이제는 너를
붙잡지 않는 법을 배웠어.
떠올려도 괜찮고,
그리워해도 괜찮고,

때로는 잊은 척해도 괜찮다는 걸 알게 됐지.

사람은,
모든 걸 정리하고 살아갈 수 없어.
남겨두는 것도 용기라는걸,
이제야 알았어.

그래서 이 글은
너에게 쓰는 편지가 아니야.
너를 그리워했던 나 자신에게 보내는
기록이야.
그땐 몰랐지만,
사실 나는 오래전부터
나를 위로해 주는 법을 배우고 있었더라.

"잘 지냈어?"
"응, 이제야 진짜 잘 지내."

노을의 끝에서,
나는 오늘도 하루를 닫아.

조금 더 단단해진 나로,
너를 떠나보낸다.
그리고,
다시 나를 안아준다.

2. 김혜지

노을이 지는 골목에서

하루가 지는 시간,
나는 일부러 한적한 골목으로 걷는다.
조금은 낡고, 조용하고,
그늘이 일찍 드리우는 그런 골목.
그곳에선 마음이 조금 느슨해지고,
붉은빛이 건물 틈 사이로 스며드는 순간
나는 종종, 이름 없는 감정 하나를
주워 든다.

정확히 말해 뭐라고 부르긴 어렵다.
그리움이라고 하기엔 너무 조용하고,
외로움이라기엔 따뜻했다.
말하지 못한 말들의 잔여 같기도 하고,
그냥 스쳐 간 마음의 흔적일지도 모르겠다.

나는 그걸 그냥 '마음'이라고 불렀다.
이름이 필요 없을 만큼,
내게 익숙하고 다정한 감정.

그날도 그랬다.
안국역 근처,
하루 종일 머리가 복잡해서 그냥 걷고만
싶었다.
아무 목적 없는 발걸음,
바닥을 보며 천천히 걷던 중,
돌담 아래 떨어진 낙엽을 하나 주웠다.

평범한 낙엽이었지만
이상하게 그 순간,
오래 잊고 있던 감정 하나가 가슴속에
스며들었다.
명확한 말은 없었다.
그냥…
그때의 내가 너무 조용했던 이유를
이 낙엽이 알 것 같았다.

그건 아마도,
누구에게도 말하지 못하고 삼켜둔 감정.
말해봤자 아무 의미도 없을 것 같아서,
아무에게도 내보이지 않은 채
그냥 흘려보낸 마음

노을이 그런 마음들을 비춘다.
잊은 줄 알았던 감정들,
무심코 던져둔 문장들,
그리고 그날 미처 붙잡지 못한 진심들.
그 붉은 틈에서,
나는 내가 흘려버린 마음들과 마주한다.

노을 아래 골목은 조용하다.
누가 지나가도 조용히 지나가고,
벽돌 하나하나가
말없이 나를 바라보는 듯하다.

마음이 벽에 비친다.
붉은색으로 길게 드리워진 그림자처럼

우리는 살면서 얼마나 많은 감정을 놓치고
살아갈까.
이름 붙이지 못한 마음들.
금방 사라질 것 같아서 애써 외면했던
감정들.
누구에게도 말하지 못하고
'그냥 그런 날이었어.'하고 넘겨버린
마음들.

그런 마음들이 노을 속에서 돌아온다.
소리 없이,
책임도 없이,
그저 존재로 다가온다.

나는 그것들을 받아든다.
주머니 속에 넣고, 가끔 꺼내어 바라보고
때로는 그냥 조용히 품는다.
그 감정들이 꼭 해결되지 않아도
그냥 그렇게 살아있는 것만으로도
충분하다고 느껴질 때가 있다.

노을은 그런 감정을 허락해 준다.
이름 없이도 괜찮은 마음.
정리되지 않아도 되는 감정.
누구에게도 설명하지 않아도 되는 기억.

그 붉은빛 속에서 나는 비로소
내가 어떤 마음들을 놓치고 있었는지 알게
된다.

말로 꺼낼 수 없는 것들이
가장 오래 남고,
가장 나를 흔든다.
그래서일까.
나는 노을이 지는 골목을 좋아하게 됐다.
그곳에서, 나는 누구에게도 말하지 못한
내 진짜 감정을 발견하곤 하니까.

그날 이후,
나는 하루 끝 골목길을 걷는 일을 습관처럼
하게 됐다.

누가 버린 감정처럼 보이지만,
사실은 내가 흘리고 다닌 것들을
다시 주워 모으는 시간.

그것들은 여전히 말이 없고,
이름도 없지만,
분명하게 내 안에 존재한다.
노을이 지는 골목에서
나는 그 마음들을 하나하나 조용히 품는다.

그리고 생각한다.
이 마음들은 어쩌면,
말보다 진실했을지도 모른다고

1. 아루

노을 지평선 아래

카페 문 앞에서 나는 심호흡을 한다 아직도 간판을 처음 달던 그날이 생각이난다

'A sunset cafe'

한국어로 번역하면 노을이 지는 카페는 뜻이다

고등학교 1학년, 자퇴를 하고 히키코모리처럼 방에만 있었다 .그런 나를 카페 사장이라는 꿈이 나를 꺼내주었다 어른들은 내게 말했었다.

"카페 아무나 차리는거 아니야"

"그냥 검정고시나 보지 무슨 카페를 차려"

솔직히 다 맞는 말이라 너무 아프게 들려온 말들이었다 하지만 나는 그날의 노을들을 보며, 세상에 아주 작게라도 나만의 빛을 내고 싶었다.

그래서 이렇게, 아직은 미숙하게 커피를 내린다. 손님이 없어도 간판이 나를 위로 하는 이곳 나는 이곳의

사장이자, 꿈을 찾는 학생이었다 손님이 없다는 걸 알면서 오픈을 한다
"sunset" 이라는 말과 함께

2. 아루

해 질 녘 손님

딸랑-

카페 문이 열리고 손님이 들어온다 앉아 있다가 일어나며 인사를 했다
"어서오세요 a sunset cafe입니다"
나의 또래로 보이는 한 여자아이가 들어왔다 너무나 소심해 보이는 그 여자를 보며 한가지의 생각만이 나를 맴돌았다
여기서 위로를 받고 갔음 좋겠다' 라고
내가 했던 인사의 그녀는 고개를 끄덕이며, 자리에 앉았다
그녀는 창가 쪽에 앉아, 멍하니 노을만 바라보며 나쁘게 말을 한다
"여기는 노을이 잘 보이네요" 그리고는 작게 말한다

"너무 예쁘다"

그녀의 작은 한마디가 모든 걸 말해주고 있었다 고등학교 입시에 지친 중3이라는걸, 그녀에게 다가가 메뉴판을 보여주었다

"주문하시겠어요?"

나의 말의 고민을 하는 그녀였다 그녀는 노을 라떼와 크로플을 시켰다 나는 만들어서 그녀에게 주었다

"노을이 너무 예쁘네요"

그녀의 말에 나는 알았다 노을의 위로가 필요한 사람이라는 걸

3. 아루

내일의 노을

저녁 장사를 마치고 작게 말하며 카페 문을 닫는다
"a sunset coffe 문을 닫습니다"
문 앞에 서서 하늘을 바라본다 오늘도 하늘에 있는 노을이 너무나 예쁘다
자퇴한 뒤로 나는 매일이 불안했다 뭐라도 해야 한다는 압박감에 시달렸다 그리고 매일 떠오르는 생각이 하나가 있었다

'이렇게 살아도 될까?'
'이 선택을 잘한 게 맞겠지?'
하지만 이제는 안다
내가 만든 음료와 커피를 마시고, 노을빛의 위로를 받는 사람들이 있다는 걸 그것만으로도, 내가 하루를 살아갈 이유는 충분하다 내일도, 모레도,

이 카페는 열릴 것이다

누군가의 하루 끝에, 작게라도 빛이 되고 싶으니까

오늘도 이 카페 덕분에 내일의 노을을 기다릴 수 있으니까

그러니 당신도 하루만, 아니 내일, 1년 계속 살아갈 힘을 여기서 얻어가기를

오늘도 감사합니다

a sunset coffe 닫습니다"

1. 김예빈

지면

노을이 지는 하늘을 가만히 본다
말하지 않아도 생각나는 얼굴이 있다

빛이 붉게 물들고
천천히 어두워지는 동안
그 사람의 이름을
마음속으로 한 번 불러본다

돌아서면
벌써 밤이다.

1. 백현기

조금만, 천천히

16년도 여름. 진짜, 이만하면 끝인가 싶었다. 모든 게 무너졌다는 말도 지겨울 만큼 다 무너졌다. 결혼은 끝났고, 가족이란 단어는 더는 위로가 아니었다. 회사에선 그저 그런 사람. 딱히 잘하지도, 눈에 띄지도 않는 투명 인간에 가까웠다.

근데도 어딘가에선 계속 살아야 했다. 먹고, 자고, 일하고. 사람들은 말했다. "잘 견디고 있네." 속으로는 웃겼다. 살아 있는 건 맞는데, 견디고 있는 건지는…. 그냥 어제처럼 오늘을 넘기고 있었을 뿐.

그래서 떠났다. 계획도 없이, 편도로 제주도행. 그때는 조금이라도 멀어지고 싶었다. 다 망가졌다는 말도 지겨워서, 아예 아무 말 없이 조용한 데 가고 싶었다.

법환포는 그런 데였다. 소문난 관광지도 아니고, 늦은 밤에는 고요해서 오히려 숨이 트이던 곳.

내가 머물렀던 숙소는 묵을 이유도, 딱히 떠날 이유도 없었다. 나무 냄새나는 방, 틈새로 새는 바람, 딱 거기까지가 좋았다. 낮에는 바다를 멍하니 봤다. 사람들이 물속으로 들어가는 걸 보면서 '저기까지 가볼까?' 싶었던 어느 날, 스쿠버 다이빙을 하게 됐다.

처음엔 숨을 제대로 못 쉬었다. 숨이 막히고, 공포가 밀려왔다. 강사가 말했다. 그 말이 웃기게도, 내 삶 전체에 꽂혔다. "숨이 가쁘면, 천천히 쉬세요."

지금까지 나는 단 한 번도 천천히 숨 쉰 적이 없었던 것 같다. 늘 어딘가에 쫓기듯 살았고,

그게 익숙하니까 그게 사는 건 줄 알았다. 그때부터 좀 바뀌었다. 제주에서 보낸 보름 동안

별거 안 했다. 밥 먹고, 바다 보고, 그냥 시간 흘려보냈다. 이상하게도 그게 좋았다. 뭔가 회복된다는 느낌은 아니었지만, 그래도 무너지진 않겠다는 생각은 들었다.

집으로 돌아와 술을 끊었다. 버릇처럼 마시던 걸 끊는데 시간이 좀 걸렸다. 밤이 되면 아직도 뭔가 허전하긴 했다. 그래도 새벽엔 일찍 일어났고, 운동을 조금씩 했고, 돈도 아껴가며 모았다. 누구 보여주려고 그런 건 아니고, 그냥 내가 나한테 부끄럽기 싫었다.

다시 제주에 갔을 땐, 그 숙소가 그대로 있어서 좋았다. 골목도, 바람도, 파도 소리도. 그 사이에서 나만 좀 달라진 느낌. 말하지 않아도 아는 것 같은 바다 앞에 서서 조용히 하루를 보내고 있었다. 그리고 그 노을. 법환포의 석양은 말이 없다. 천천히 붉어지고, 그 위로 바람이 스친다. 그걸 보고 있으면, 나도 조용히 물들고 싶어진다.

요란하게 살아온 적도 없는데 왜 이렇게 시끄러운 걸 견디며 살았을까 싶고. 노을 앞에선 괜찮은 사람이 되고 싶다는 생각이 들었다. 노을을 보면서 다짐 같은 걸 했다. 크게 외치진 않고, 그냥 속으로. '조금 천천히 살아보자. 무너져도 다시 일어설 수 있을 만큼만 버텨보자.' 요즘은 그게 내 다짐이다.

누구한테 잘 보이려는 것도 아니고, 거창한 꿈도 아니고. 그냥 오늘 하루를 잘 넘기자는 마음.

누군가에겐 이 모든 게 사치일 수 있다. 하지만 나한텐, 이 조용한 곳에서 내가 나로서 살아 있다는 감각을 다시 느끼는 게 가장 큰 사치다.

이젠 제주를 떠올리면 노을이 먼저 생각난다. 그 석양 아래서 내가 어떤 표정을 짓고 있었는지, 어떤 마음으로 앉아 있었는지. 그때의 내가 지금의 나를 만든 것 같아서, 괜찮다고, 여기까지 잘 왔다고 조용히 토닥인다. 오늘도 그렇게, 내 하루를 노을처럼 조용히 물들여본다.

1. 이혜성

해야

해야, 힐끔힐끔 숨어서 나를 보는 네 모습이
정오엔 내 위에서 당당하게 나를 보던 네 모습이
너무 밝아서 맨눈으론 눈이 아파 볼 수 없던 네 모습이
이제야 노란빛을 내며 내 눈에 맺혀주는구나.

황색 빛의 향연을 품은 네 얼굴을 내 마음에
계란노른자 같은 네 얼굴을 내 사진기에
담아, 담아서.

해야, 적당하게 밝아해 주니 마주 볼 수 있구나.

2. 이혜성

노을

저물어 가는 저 해는
어떤 근심을 품었기에
저리도 늦은 걸음으로
제 모습을 숨기는 건가.

의기양양한 정오의 성격은
이제야 낮추기로 마음먹어
겸손한 노란 빛의 해가 됐나.

해야, 내일도 다시 만나자.

해야, 오늘도 수고 많았다.

해야, 낮을 밝혀줘 고맙다.

해야, 저물어 가는 태양아.

해야, 밝은 해야, 나의 노을아.

1. 강대진

노을

그대의 시작도

그대의 끝도

눈부신 아름다움의 빛이 납니다.

하늘의 축제

그대의 환한 얼굴 속

번져가는 미소가

구름들을 춤추게 하듯

유난히 더 멋진 움직임

그대를 바라보는

내 마음에

설렘부터

그리움의 바람 되어
멍하니 한참을 바라봅니다

축제의 시간이
짧은 아쉬움
긴 여운이 남는 그대

그댈 기다리는 시간이
그대 머무는 내 마음이
아름다운
향기 나는
꽃으로 피어납니다

1. 최나연

오렌지빛 하루 끝에

'따르르릉.'
알람 소리에 찌뿌듯한 몸을 일으키며 또 하루가 시작된다.
출근 준비를 마치고 익숙한 길을 나서면서도, 요즘 들어 자꾸만
회색 빌딩과 인파 사이에 혼자 떠 있는 듯한 기분이 든다.

불과 몇 해 전만 해도, 서울에서의 직장 생활은 내게 하나의 로망이었다.
대학을 졸업하고 서울에 취직했을 때,
첫 출근길은 온몸이 설렘으로 가득했다.
지하철의 북적이는 사람들, 빼곡한 고층 건물들, 낯선 거리까지.

그 모든 풍경 속에 내가 있다는 사실만으로도 벅찼다.

하지만 현실은 금세 얼굴을 드러냈다.
서툰 업무, 어색한 인간관계, 통장을 스쳐 지나가는 월급,
그리고 매일 반복되는 지하철 안의 하루들.
숨만 쉬어도 돈이 빠져나가는 일상 속에서,
내 시간을 위한 여유는 점점 줄어들었다.
처음엔 신기하게만 보이던 도시의 풍경도
어느새 지친 눈으로 바라보게 되었다.

하루하루를 버티다 보니, 어느덧 직장 생활 N년 차.
이제는 알람이 몇 번이고 울려도 겨우 몸을 일으키는 것이 익숙해졌고,
어느 날 아침엔 휴대폰 충전을 깜빡한 채 출근하여,
음악도 없이 멍하니 지하철에 앉아 사람들을 바라봤다.

교복을 입고 영어 단어장을 들여다보는 학생,
과잠을 걸치고 노트북을 든 대학생,
정장 차림으로 시계를 바라보는 직장인들.

그 사이 어딘가에서 나는 문득 깨달았다.
청소년기를 지나, 어느새 어른이 되어 있었다는걸.
그 모든 시간이 숨 가쁘게 흘러갔다는걸.
이름 붙일 수 없는 그 감정은
하루 종일 마음 한구석에 조용히 남아 있었다.

지친 하루를 마치고,
무작정 걸음을 옮기다 보니 어느새 한강공원에 닿아 있었다.
누군가는 러닝을 하고, 누군가는 줄넘기를 하며,
또 다른 이는 벤치에 앉아 조용히 이야기를 나누고 있었다.
그들 사이를 천천히 걷던 나는,
왠지 모르게 작아진 마음을 감추듯 조용히 고개를 들었다.

그 순간,
하늘 가득 오렌지빛 노을이 번지고 있었다.
쓸쓸함과 따뜻함이 동시에 스며든 색.
하루를 다 써버린 나를
말없이 감싸주는 풍경이었다.

그 노을을 바라보는 사이,
접어 두었던 기억들이 조용히 떠올랐다.
학원 끝나고 친구들과 아이스크림을 먹으며 걷던 골목길,
여행지의 바다 위로 천천히 번지던 노을빛 하늘.
그 순간들을 바라보던 어린 내가,
지금의 나와 천천히 포개졌다.

그리고 지금,
나는 또 한 번, 오렌지빛 하루 끝에 서 있었다.
그 노을 아래 선 내 모습이
왠지 모르게 오늘만큼은 괜찮은 사람처럼 느껴졌다.
마치 노을이 오늘도 잘 버텼다고,
수고했다고, 조용히 말을 건네는 것 같았다.

그날 이후,
나는 퇴근 후 노을을 만나기 위해
그 풍경이 있는 곳을 자주 찾게 되었다.

아무 일도 일어나지 않는 그 순간이,
나에겐 하루 중 가장 따뜻한 위로가 되었다.

2. 최나연

오렌지빛 한 조각

하루를 온전히 다 써버린 저녁.
지친 걸음을 옮기다 문득 올려다본 하늘은,
쓸쓸함과 따뜻함이 동시에 물든 노을이었다.

오렌지빛이 하늘을 천천히 덮어올 때,
나의 마음에도 노을빛이 조용히 스며들었다.

생각 없이 걷다 다다른 한강공원.
그곳에서도 누군가는 달리고, 누군가는 조용히 앉아 있었다.
나는 느릿한 걸음으로 그들 사이를 걷다,
답답한 마음을 감추듯 고개를 들어 하늘을 바라보았다.

그곳엔 말없이 번지는 오렌지빛 노을이 있었다.

그 하늘을 오래 바라보는 사이,
내 안에서도 무언가가 천천히 번져갔다.
바쁘게만 흘러온 날들,
멈추지 못한 채 스쳐 간 시간들.

그 찰나에,
잊고 있던 기억의 조각들이 떠올랐다.
여행지의 바다 위로 물들던 저녁 하늘,
퇴근 후 한강 물결에 반사되어 번지던 노을빛.

그리고 지금,
나는 또 한 번, 오렌지빛 하늘 아래 서 있다.
그 노을 아래 선 내 모습이
왠지 모르게 오늘만큼은 괜찮은 사람처럼 느껴졌다.

오늘,
이 오렌지빛 한 조각을
내 눈에 담아
마음속 풍경에 고이 간직해 두었다.

1. 류광현

빛과 그림자가 입을 맞추는 시간

하루의 끝,
그 경계에 선 순간
조양(朝陽)의 약속과 석양(夕陽)의 눈물이
서로의 어깨에 고요히 기대어 앉는다.

아침에 나는
기분 좋은 마음으로 다짐했었다.
조금 더 사랑하고,
조금 더 따뜻해지고,
조금 더 웃으며 하루를 살아보자고.

그 다짐들은
햇살을 등에 업고 나를 일으켜 세웠지만,
시간은 언제나 그렇게

예상보다 빠르게 지나가
어느새 나는 다시 석양(夕陽)의 그림자 아래
멈춰 서 있었다.

그 사람의 기억도,
미소도,
아직도 내 안에 남아 있는 사랑도―
모두 조용히 떠오른다.

노을은 그 모든 것을
한순간에 품는다.
아침의 설렘과 저녁의 슬픔,
희망과 후회,
기대와 그리움.

서로 다른 두 감정이
붉은 하늘에 스며들어
말 없는 위로가 된다.

빛은 저물고
마음은 깊어지며
나는 오늘도 노을 속에서
하루의 흔적을 되새긴다.

사랑은 결국
하루처럼 그렇게 지나가고,
내일 또 오늘처럼 찾아오는지도 모른다.

그래서 노을은 슬프면서도 따뜻하다.
그건 끝이면서
어쩌면 또 다른 시작이니까.

빛과 그림자가 입을 맞추는 시간,
나는 오늘 하루의 모든 마음을
그 노을빛 속에 조용히 묻는다.

그리고 다시,
내일 아침의 조양(朝陽)을 향해
천천히 걸어간다.

2. 류광현

다짐이 물드는 저녁

조양(朝陽)의 햇살로 시작했던 하루가
이제 천천히, 노을빛으로 물들고 있다.
아침에 했던 그 다짐들—
조금 더 웃고, 사랑하고, 따뜻한 사람이 되겠다는 약속은
어떤 건 이루어졌고, 어떤 건 미처 닿지 못한 채
저녁의 하늘을 바라보며 조용히 반성으로 바뀌어 간다.

노을은 늘 그렇다.
하루의 끝에서 말을 걸어온다.
"잘했니?"
"오늘은 어떤 마음으로 살아봤니?"
"괜찮았니?" 하고.

그 물음 앞에서 나는 잠시 멈춘다.
누군가에게 서툴게 했던 말,
전하지 못한 진심,
용기를 내지 못했던 순간들이 떠오른다.

하지만 노을은 나를 꾸짖지 않는다.
그저 붉고 따스한 색으로
내 하루를 감싸안는다.
마치 "그럼에도 너는 잘하고 있어"
라고, 말해주는 것처럼.

햇살로 다짐했던 아침이 있었다면,
노을은 그 다짐을 되짚으며
조용히 다가오는 밤을 준비하는 시간이다.

사랑하고 싶었고,
기분 좋은 사람이 되고 싶었고,
설렘과 희망을 품고 하루를 살고 싶었던 나.

노을빛 아래에서 나는 묻는다.
조금은 가까워졌을까?
그 마음에, 그 사람에게,
그리고 내가 되고 싶은 나에게.

가끔은 후회도 남지만
그 모든 마음이 모여
오늘이라는 하루를 만들어준 것 같다.

노을이 붉게 번지는 저녁이면
나는 다시금 다짐을 되새긴다.

내일의 조양(朝陽) 아래서
조금 더 부드러운 사람이 되겠다고.
오늘의 아쉬움까지도 따뜻하게 품고
내일을 준비하겠다고.

노을은 어쩌면
빛나는 다짐이 하루의 끝에서
슬며시 쉬어가는 작은 정류장인지도 모른다.

조용히 내 마음을 앉히고,
그 안에 남은 따뜻함을 지켜보는 시간.

그래서 나는 오늘도,
붉게 물든 노을을 바라보며
아무 말 없이 눈을 감는다.

지금 이 순간의 여운이
내일 아침, 조양(朝陽)의 약속으로
다시 피어나길 바라며.

1. 재이

노을

노을 해가 뜨고 질 무렵
그 사이에 나타난
주황빛과 핑크빛의 그 사이
참 아름답구나
노을아 더욱 빛을 내줘라
빛을 내줘서 긴 터널처럼
밤만 있는 나의 마음에
아침을 맞이하게 해줘
노을아

1. 윤병현

나에겐 소중한 사람

아무것도 안 해도 좋으니
제 옆에 있어 주면 안 되나요?

노을처럼 빛나던 당신이 막상
사라진다고 생각하니까
마음이 먹먹합니다.

과연 우리의 인연은 여기까지였나요?
우리가 함께 보냈던 추억들이
물거품이 된 한순간이네요.

벤치에 앉아서 아무것도 아닌
제 모습을 바라봐 주세요. 그게 제 소원입니다.

1. 묵상회

잊을 수 없는 여백

낮과 밤으로 구성된 문장에는
해가 쓸고 간 자리가 있다

숨 멎듯 선명한 마침표

바다는 하품하고
도시는 핏빛 눈을 감는다

눈꺼풀 아래
하루가 눅눅하게 접힌다

빛은 남지 않는다
다만, 한 번 지나간 자리처럼
잊을 수 없는 여백이 생긴다

그래서 나는

노을을 본다

아무 말도 남기지 않으려고

2. 묵상회

지평선의 살기

말없이 다가오는 것들이 있다
바람의 눈빛,
빛을 흘리며 튕기는 먼지들,
그리고
지평선 너머에서 벼리고 있는
보이지 않는 칼끝들

나는 늘 그걸 알고 있었다
해 질 녘 붉게 물든 구름 아래
누군가 나를 향해 숨죽이고 있다는 걸
빛은 아름답지만
언제나 날카로운 가장자리를 숨기고 있었다

도망칠 수 없는 장소에서
나는 걸었다
걷는다는 건,
사선 위를 기는 것과 비슷했다
넘어지면 베인다
버티면 멀어진다
지평선이 그토록 멀리 있으면서도
내 목덜미에 숨을 불어넣었다

그리고 나는 알아버렸다
세상은 끝이 아니라
가까워질수록
나를 해치는 선이 된다는 걸

그래도 나는 걷는다
피하지 않는다
이제 나는,
지평선을 향해
나의 살기를 대갚음하려 한다

1. 윤서현

삶이란

노을이 유난히 아름다운 날이었다.
전봇대 줄엔 까마귀 한 마리 없었다.
마치 이곳은 머무르는 풍경이 아니라는 듯

차 안에선 김광석의 서른 즈음에가 흘러나왔다.
"조금씩 잊혀져간다.
머물러 있는 사랑일 줄 알았는데."
이 가사가
해를 지평선 너머로 데려갔다.

하늘을 떠도는 까마귀를 따라,
어느덧 기차역에 도착했다.
기차 역방향 좌석에 올라타
왔던 방향은 흘려보내고,

잠시 후의 풍경은 덤덤히 받아들였다.
생각이 많아지는 여름밤이었다.

종착역 까마귀는 전봇대 줄 위에 앉아 있으려나.
그리고 그 밤에 나는 어디로 가야 하나.

2. 윤서현

석양 속에 두고 온 사랑

빛의 파편들을 모으면 석양이 된다.
온 빛깔이 각기 부서졌다, 다시 모이면
엉성하고 불규칙한 빛의 무질서를 보여준다.
노을이 지는 언덕,
그 너머는 아프고도 찬란하다.

시시각각 변하는 구름과 빛의 시간 속에
우리 사랑의 파편을 두고 나왔다.
해 질 녘을 좋아하던 네가
다소 이질적인 파편 하나를 찾길 바라며

1. 임은혜

짙어지는 하늘, 노을 어딘가

노을이 유독 짙었던 날,
하늘엔 어김없이 구름이 있었다.
빛은 구름에 부딪혀, 더 붉어지고, 더 아름다워졌다.

아픔이 있었기에,
지나온 시간이 무거웠기에,
지금 이 순간이 이토록 찬란한 건 아닐까.

흔들림 없이 선명한 노을은 없다.
결국,
상처 없는 사랑도,
흔적 없는 이별도 없는 것처럼.

이제는

구름 낀 하늘을 두려워하지 않기로 했다.

그건 곧 깊어질 노을의 예고니까.

2. 임은혜

노을의 시간 : 중간

하늘의 끝과 밤의 시작 사이,
무엇도 결정되지 않은 채
그저 잠시 머물 수 있는 시간.

그 중간에 서 있을 때,
너무 멀리 가지 않아도 되고,
돌아오지 않아도 된다.
그저 지금 여기에,
빛과 어둠 사이에 서 있을 수 있다.

사랑도 그렇다.
완전한 시작이나 완전한 끝이 아니어도
잠시 마음에 머문 시간들이 있었다. 그거면 충분했다.

흔들려도 괜찮다고,
중간도 괜찮다고,
아직 결정하지 않아도 괜찮다고.

그 말에
오늘도 숨을 고른다.

3. 임은혜

노을의 여운이 머무는 자리

하루가 저무는 시간,
늘 그 자리에 머문다.
하늘을 붉게 물들일 때,
내 마음도 같이 물든다.

사라지는 빛 속에서
오히려 가장 많은 감정을 느낀다.
끝이라고 말하지 못한 이별,
사랑한다고 말하지 못한 사랑,
감사하다는 인사조차 전하지 못한 순간들.

그 모든 말들이
하늘 끝에 걸린 빛의 조각이 되어.
여운처럼 나를 감싼다.

노을은 사라지지만
그 여운은 오래 남는다.
마음 한편,
잊히지 않는 감정처럼.

노을이 질 때마다
마음을 꺼내
다시 한번
조용히 안아준다.

1. 고태호

슬픔의 이유

저 노을 진 풍경에 열심히
날아가는 어느 새들은 자신들이
어딘가로 떠나고 있다는 걸 알고 있을런지

툭툭 건드리는 나의 심장 속
삶의 목적을 잃은 듯한 고장 난 톱니바퀴
하나가 저만치로 굴러간다

지난 삶 속에도 이유가 있다며
나를 토닥이던 사람들 영원히 나와
함께 있어줄런지

다가오는 슬픔 속에도 쓰라린 상처들
감히 털어내지 못해서 미련과 함께 이 지구에서
피어난 업보 열심히 품고 살아왔구나

2. 고태호

황혼의 꽃

노을빛 하늘이 저물어간다
어느덧 황혼에서 물들어가
나를 붙잡는데

꽃이 피는 아름다운 세상을
바라보고 있으면 지나가 버린
추억들이 나를 기다린다

나의 아픔을 대신해 주고
나를 사랑하지 못한 마음이
안타깝게 느껴진다

3. 고태호

노을

그저 샛노란 강물에 던져진
작고 허망한 배 보듯이 제 삶도
초라해 노을을 가끔 본 적이 있어요

황혼색으로 그을린 하늘 보면
제가 살아왔던 흔적들이 다시 불그스름한
구름처럼 타올라 미치도록 흥분하기도 했지요

그냥 노을빛 보면 마음속에 담긴
내 청춘의 노환 또 보고 지겨울 때까지 봐야 해서
함부로 노을 진 하늘 쳐다보기도 싫네요

1. 하다니엘

노을 진 거리에서

가만히 앉아 바라보는 석양
시간이 머무는 지금이 좋다

포근함 없이도 누리는
세상의 포근함

마치 이불 위로 쏟아지듯
마치 소파 위로 쏟아지듯

흐르듯 쏟아졌다
녹아내리듯 쏟아졌다

별다른 생각 없이도
녹아내리듯 쏟아졌다

별다른 생각 없이도
별다른 행복처럼 행복하다

하루가 마치 신호등이라면
지금은 마치 쉼을 기다리는 노란 불일까

신호등을 닮은 석양을 바라보며
노란 불처럼 서서히 멈추어본다

어디선가 다가오는 고양이마저
발걸음을 멈추고

어디선가 다가오는 산책하는 저 사람도
발걸음을 멈춘다

바다도 아닌데 잠기고
바다도 아닌데 빠져버렸다

석양의 빛을 따라서
파도가 흘러들어왔다

멈춤도 흘러감도 없이
그저 노란 불

그 노란색에 멈춘 시간이
그리도 좋을 수 없다

하늘도 풍경도 거리도
그 무엇도 비할 바 없었다

시간이 저물기 전에
서둘러 집으로 향한다

이 포근함이 사라지기 전에
네게도 나눠주고 싶으니까

이 편안함이 사라지기 전에
네게도 쏟아지고 싶으니까

오늘만은 말없이
네게 쏟아지겠다

찰나 같은 시간이
찰나같이 지나간다

석양은 지는데
간직은 영원하고파서

이 시간을 '황혼'이라고
새기나 보다

매일같은 황혼이지만
매일같이 새겨 본다

그 포근함이 쏟아질 만큼
너무나 좋아서

1. 이연화

노을에 물든 약속

저녁 바다는 온통 붉었지
우리의 마음처럼
서로의 손을 잡고
작은 파도 위로
미래를 그려 넣었어

"바다가 보이는 언덕에 작은 집 지어 살자.
꽃길도 만들고, 밤마다 별을 세자"
너의 목소리는 부드럽게
내 어깨에 닿아 간지럼을 태웠지.

노을은 점점 깊어가고
파도는 조용히 우리의 발목을 적셨다.
그때는 몰랐어

꿈들이 물거품처럼 산산이 흩어질 줄은

붉게 물든 바다 위
우리의 약속들은 어디로 흘러간 걸까
밤이 오면 노을은 지고
남은 건 차가운 물소리뿐
그래도 괜찮아
잠시라도 너와 같은 노을을 바라보며
같은 꿈 꿨으니
그 하루가
내 삶에서
가장 따뜻한 저녁이었다는 걸

2. 이연화

붉은 노을을 닮은 사랑

저녁노을이
천천히 바다를 물들이면
나는 너를 바라보았지

너의 눈동자에 노을이 깃들어
작게 흔들릴 때
내 마음엔 잔물결로 가득 찼지

조심스레 오가는 바람
숨결마저 닮아
파도처럼 부드럽게 부서졌지
말하지 않아도
알 수 있었던 온도
손끝에 스며드는

소금기 어린 약속들

해가 지고
붉은 물결이 사라질 때쯤
우리의 사랑도
조금은 아득해졌지
괜찮아
이 밤이 지나면
또다시 너를 닮은 아침이
내 창가로 올 테니까

노을은 짧아서
더 오래 마음에 남아
그리움이 되어
한참을 출렁이겠지

오늘도 바다를 보며
살포시 네 이름을 부르겠지
잊지 못한 너의 이름을
잊을 수 없는 너의 이름을

1. **이상현**

기억 속 노을

저 노을처럼 지는 모습이
아름다운 사람으로
기억에 남고 싶었습니다

노을 진 석양은 가던 저의 발걸음을
강제로 멈추게 만들었고
생각에 잠기게 만들었습니다
예전에 꿈꾸었던 희망을 잠시나마
떠올리게 만들어 주었던
예전에 보았던 노을과는
분명 지금과 다르겠지요

하지만 그래도 저 노을만큼
뜨거웠던 마음만은

변치 않고 가져가겠다고
스쳐 지나가는 바람에게
다짐을 해봅니다.

2. 이상현

붉은 세계

붉게 물들어 보이는 하늘은
마치 오늘이 세상이 마지막인 것처럼
강렬하게 타오르는 듯했다

차가운 바람이 지나가고
지쳐 보이는 새들이 그 속으로 뛰어든다
마음껏 세계를 태운 태양은
미련이 없는 듯 저물기 시작했다

어딘가에서도 누군가
이 세계의 끝이 오는 것처럼 보이는
붉게 물든 이 세상을 바라보고 있을까

잠들 수 없는 이에겐 붉은색이 아닌
다른 색으로 보일지도 모른다
저녁이라는 어둠이 찾아오기 전까지
붉은 흔적조차 보이지 않는
선명하게 다른 색으로.

1. poet_la_vi_een_rose

노을과 붉은 뺨

푸른 하늘 높이 떠 있던 해가
지평선 너머로 사라지며
세상을 붉게 물들일 때

준비 한 말을 당신께 전하러 갈래요
맑고 푸른 당신의 마음
붉게 물들일 말 한가득 안고서

그래야 당신의 뺨이 붉어졌다
착각이라도 할 수 있지

1. 루시아(혜린)

노을

노을은 사라지지만,
언젠가 다시 찾아온다.

노을이 사라지고
어둠에 닿는다고 해도
언젠가는 빛이 다시 떠오른다.

노을은 사라지지만
언젠가 다시 떠오른다.

노을은 언젠가 꼭 피어나니
다시 마주할 날이 꼭 있다.

1. 우주

닿지 않을 수신인에게

너를 데리러 가던 길
화창한 날씨에 얼굴이 잠시 일그러졌어
햇빛이 얼마나 쨍하던지 덩굴을 이루고 있던 능소화가 이제는 지려나 싶을 정도였다니까

너를 만나러 가는 길
삼삼오오 모여 지나가는 사람들을 구경하며
너와 손잡고 거닐던 거리를 떠올려
돌아오는 길에는 우리 함께 손을 잡고 돌아오자고 다짐했지

비로소 너를 만나 우연히 하늘을 봤어
노을이 지고 있었는데 그 빛에 하늘이 온통 분홍색이더라

저 색이 만약 심장과 똑같은 색이라면 네게 꺼내어 보여 주고 싶었어

너를 향한 마음이 이렇게 예쁘게 빛나고 있다고

2. 우주
분홍빛 노을이 질 즈음이면

너는 그 순간 그 시점에 알맞은 온도를 가진 사람이야
누구나 스스로에게 맞는 온도를 갖고 있는데
네가 가진 온도는 상황에 맞게 바뀌는 신기함을 갖고 있어

누군가 차가운 온도를 갖고 있을 때 너는 노을 같은 따뜻함을
누군가 뜨거운 온도를 갖고 있을 때 너는 그늘 같은 시원함을
그런 남들과는 달라서 위로와 포근함을 줄 수 있었어

그런데 말이야
그런 너는 그렇게 하기 위해서 아프지 않을까 생각했어
나는 그런 너를 떠올리면 그래서 슬펐어

그게 너를 상처 입히진 않을까

왜냐하면
나는 네가 아낌없이 주는 나무이길 바라지 않는데
해가 질 무렵 노을이 그늘을 만들어도 너는 그 곁에 있지 않고
너는 너를 잃으면서 남들에게 다 줘버리고 지치지 않을까 싶어

1. 고유정

노을의 바다

파란 하늘에 주황색이 물든다.

하늘에 노을이 지자
물에서 놀던 사람들이 하나둘씩 떠나갔다.
낮엔 열심히 놀고
저녁이 될 즈엔 해가 지면 추워진다고
다들 집에 돌아간다.

아무도 없는 노을 진 바다는
파도 소리만이 울려 퍼진다.
철썩철썩.

해가 넘어가려고 할 때쯤 찾은 바다는
나만을 위해 펼쳐진 듯 꿈같은 풍경이었다.

주황색과 분홍색이 물들어진 하늘
금빛으로 반짝이는 윤슬
잠잠하고 평화로운 풍경.

노을의 따뜻한 빛이 어깨에 스며들어
딱딱했던 마음이 스르르 녹았다.
지친 하루에 위로를 주는 노을 바다는
가장 예쁘고 아름다운 자연의 선물이었다.

1. 임만옥

하늘이 준 선물

하루가 저문다.
바쁘게 지나간 시간들이
그림자처럼 길어질 때쯤
하늘은 붉은빛을 꺼내 놓는다.

말없이 건네는 선물처럼
조심스럽고 조용하게
그날의 끝자락에 붉은 마음 하나를 펼쳐놓는다.

누구는 그냥 스치는 풍경이라 하고
누구는 사진 한 장 남기고 돌아서지만
나는 그 앞에 서면 자꾸만 울컥해진다.

미처 말하지 못한 마음들

내 안에 남아 있는 오래된 그리움
사랑한다고, 보고 싶다고, 괜찮냐고
묻지도 못했던 말들이
하늘 끝에 가만히 걸려 있다.

그 순간, 알게 된다.
위로는 꼭 말로만 오는 게 아니란 걸
어떤 빛은 마음을 감싸안고
어떤 침묵은 오히려 마음을 더 깊이
어루만진다는 걸

하늘이 이런 선물을 주는 건
아마도 우리가 오늘을
너무 무겁게 살았기 때문일 것이다.

괜찮다고
이제 조금 쉬어도 된다고
너무 애쓰지 말라고
그 따뜻한 말들을
하늘은 매일 저녁마다 붉은 노을로 들려준다.

그래서 나는 노을을 기다린다.
마음이 너무 시끄러운 날엔
해가 지는 하늘을 올려다보며
잠시 숨을 고른다.

그리고 그제야 깨닫는다.
하루를 견뎌낸 나에게
하늘은 또 한 번
고요하고 아름다운 선물을 주고 있다는 것을

2. 임만옥

노을에게 말을 걸다

태양의 강렬한 빛을 다 품어내고 고요하고 잔잔한 여운을 하늘이 선물하는 시간.
그게 바로 노을이다.
어느 날 문득, 숨이 막힐 만큼 아름다운 노을 앞에 멈춰 섰다. 아무 말도 할 수 없었다. 세상의 어떤 빛보다 찬란했고, 그 모든 찬란함이 끝나가는 순간이라 더 애틋했다.

사람이란 참 신기하다. 눈부신 낮엔 바쁘게 살아가느라 그 찬란함의 의미를 잊고 산다.
그러다 해가 질 무렵이 되면 그제야 마음이 멈춘다. 바람이 고요해지고, 하루의 소음이 차츰 잦아들면 마음도 덩달아 조용해진다. 노을은 그런 순간에 우리 곁을 찾아온다. 누가 부르지도 않았는데, 늘 그 시간 그 자리에 묵묵히 서 있는 것처럼.

나는 그저 바라봤다. 말없이.
얼마나 많은 날들을 그렇게 살아냈을까. 웃고 떠들며 괜찮은 척하며, 바쁘다는 이유로 마음 한켠의 슬픔은 외면한 채. 그러다 한 번씩 노을을 마주하면 마음이 무너졌다. 어서 와서 쉬라고, 그만 애쓰고 이제 좀 울어도 된다고, 다 안다고, 괜찮다고…
마치 오래전 헤어진 엄마가 하늘 끝에서 속삭이는 것 같았다.

내가 처음으로 노을 앞에서 울었던 날이 떠오른다.
그날은 유난히 마음이 헛헛했다. 바쁜 하루를 마치고 집으로 돌아오는 길, 하늘을 올려다봤다.
그날따라 유난히 붉고 진했던 하늘. 빛과 어둠이 손을 맞잡는 그 잠깐의 순간. 마치
"이제 내가 널 안아줄게"라고 말하듯,
하늘은 온몸으로 나를 품었다.
그 순간, 나도 모르게 울고 말았다. 이유는 딱히 없었다. 그저 무너졌던 마음의 틈새로 하늘이 스며들었고,

그 틈을 타 오래 묻어둔 슬픔이 흘러나왔다.

노을은 어쩌면, 그런 것이다.
눈물이 고이는 빛.
그리움이 떠오르는 온기.
조용히 말을 거는 하늘.

어릴 적, 엄마는 해가 지면 늘 창밖을 내다보셨다. 아무 말 없이, 손등으로 앞치마를 쓸어내리며.
"왜 하늘을 그렇게 오래 봐?"
내가 물으면 엄마는 이렇게 대답했다.
"노을을 보면 마음이 좀 가라앉거든."

그땐 이해할 수 없었다. 가라앉는 마음이 뭐가 좋은 건지, 왜 굳이 해가 지는 하늘을 보고 서 있는 건지.
하지만 이제는 안다.
그 시간이야말로 마음을 들여다보는 시간이라는 걸.
빛나는 낮에는 도저히 만나지 못했던 진짜 나를,
노을은 조용히 꺼내준다.
슬픔도, 기쁨도, 아픔도, 그리움도 다 같이 꺼내놓을

수 있는 시간.
어둠이 오기 전 마지막으로 모든 감정을 털어놓을 수 있는, 유일한 순간.

노을이 이렇게 감정을 품고 있다는 걸 어른이 되어서야 알게 되다니.

참 많은 시간을 돌아왔다.

어느 해 여름, 혼자 바닷가로 여행을 갔다.
그날은 왠지 모르게 누군가가 너무 그리웠다.
바다로 지는 해는, 도시의 노을보다 훨씬 더 크고 넓고 찬란했다. 수평선을 타고 주황빛이 점점 짙어졌다.
나는 조용히 모래사장에 앉아 하늘을 올려다봤다.

그때였다.
"그리워해도 좋아. 잊지 않아도 괜찮아."
하늘이 내게 그렇게 말했다.
말소리는 없었지만 분명히 들렸다.
눈물이 터졌다.

잊어야 한다고, 털어내야 한다고만 생각했던 그리움이 실은 그렇게 버려야 할 게 아니었다. 그냥 가슴에 품고 살아도 된다는 것. 그날, 노을은 그것을 내게 알려주었다.

그 이후로 나는 노을을 기다리는 사람이 되었다.
바쁜 하루 속에서도 하늘이 붉어지는 시간을 기억하고, 가능하면 창밖을 바라보려 노력했다.
아무도 나를 보지 않아도,
아무 말도 하지 않아도,
하늘은 언제나 제빛으로 나를 안아주었다.

살면서 사람들은 위로받고 싶을 때 사람을 찾는다.
하지만 때로는 말보다, 손보다 더 큰 위로가 되는 것은 그저 멈춰 설 수 있는 시간과, 조용히 품어주는 자연이다.
그중에서도 노을은 유일하다.
하루의 끝과 새로운 밤사이, 아무것도 강요하지 않고 조용히 찾아오는 위로.

세상의 어떤 위로도 들리지 않을 때,
노을은 말없이 다가와 이렇게 속삭인다.
"조금만 더 버텨봐.
지금 이 어둠도 곧 별빛으로 가득 채워질 테니까."
나는 그런 노을에게 마음을 내어주었다.
그리고 이제는 내가 노을처럼,
누군가의 하루 끝에 조용히 닿는 사람이 되고
싶다.

노을에게 배운 따뜻한 고요함.
그 여운을 오늘도 마음 깊은 곳에 간직한다.

1. 닌자토깽이

노을이 있는 풍경

해가 서서히 넘어갈 무렵, 찬란한 노을빛이 하늘을 물들일 때. 나는 노을이 있는 풍경을 좋아한다. 산 너머에 노을이 배경으로 깔려있는 시간을 좋아한다. 노을이 지면 따뜻한 기운이 감돈다.

노을 속에는 밥 먹으러 들어오라고 다정하게 아이를 부르는 엄마의 목소리가 있다. 노을 속이는 손을 잡고 다정하게 걸어가는 사람들이 있다. 노을 속에는 벤치에 앉아 먼 곳을 하염없이 바라보는 한 청년이 있다. 노을 속에는 징검다리를 조심조심 건너는 한 소녀가 있다.

해가 넘어갈 듯 말 듯 산에 걸리고 그 틈 사이로 노을이 스며들듯 하늘을 수놓는다.

이 찰나의 시간 안에서 나는 아늑함, 따뜻함, 애틋함을 느낀다. 노을이 지는 풍경을 바라보고 있으면 괜스레 발걸음을 멈추고 공원에 앉아 하늘을 바라보고 강가에 나가 우두커니 서 있고 싶어진다.

1. 김미영

붉은 노을

나를 위한 피로 한잔을
번져간 노을에게 뺏겨버렸다.
보고 있으니 좋다.
오래 보니 참 좋다.

붉게 번진 네 모습이
내 붓길로 걸어가게 한다.
지나가니 좋다.
그냥 머물러도 좋을 것이다.

네 모습을 다 그려내면
너는 또 저물어 어둠 오겠지.
밤하늘의 별이 그 틈을 타
질투하는 별들로 글썽이겠지.

마음이 노곤해지고
생각이 느슨해지면
잠시 또 너를 잊고 눈을 감는다.

그래도 여운 남은 너다.
눈감아도 내 손길이 너를 그리고
꼭 감아도 잠 못 이룬 그날 밤이니.

눈을 뜨면 다시 또 붓을 들겠지.
그리운 네 모습 비출 때까지.

1. 여휘운

쌍방향

물들어가는 하늘
창틀에 액자프레임을 씌운다

유령은 나오지 않는
해리포터의 그림

창밖에서도
이 안을 그림처럼 여겼으면

달리에 빙의해서
꾸미는 실내

작가는 볼 수 없는
새와 노을과 구름을 위한

작품

작품 속에 사는
살아있는 유령

1. 전갈마녀[조해원]

아침노을, 저녁노을

아침 하늘
수놓은 이 노을 따라
네가 올까

기다려도
너는 없네

저녁 하늘
물들이는 저 노을 따라
내가 갈까

가보아도
너는 없네

그리움은
하루 종일
노을 사이에서 헤매다

떨어지는 해를 따라
그제야
붉게 내려앉네.

2. 전갈마녀[조해원]

너에게 가고 있다

꽃향기에 불어오는
나비처럼

저녁 하늘의 넉넉함에 스며오는
노을처럼

천천히
아주 천천히 너에게 가고 있다.

1. MOLee

아침 하늘빛

산 위로 노을이 번진다

동터오는 아침 하늘빛

블랙 그레이 오렌지 핑크

자연이 그린 그림

색을 칠해도 어쩌면 이다지도 예쁘고 고운지

아무리 잘 그린다 해도

따를 수조차 없을지니

아침에 저녁노을을 떠올리는 건

하루 분량의 수고로움을 마치고

귀가길에 느끼던 하늘빛을 기억하기 때문이지.

처음 느끼는 노을 닮은 빛들의 잔치

네가 좋아!

내가 좋아!

하늘빛이 좋아!

오늘 하루도 감사해!

3. 최나연

붉은 노을빛 아래

어느 날 마주한 노을은 문득, 잊고 지낸 계절을 불러냈다. 우리가 함께였던 그 여름. 바다, 맨발, 붉게 물든 하늘.

이맘때쯤이었다. 마치 탐험가가 된 것처럼, 겁 없이 거리를 누비던 우리. 그 친구와 함께라면 세상이 전부 반가웠고, 무모한 일도 오히려 즐거웠다.

어느 여름날, 우리는 그렇게 해변에 다다랐다. 노을 진 햇빛에 반짝이며 일렁이는 바다. 마치 우리 둘만 있는 듯, 맨발로 모래 위를 뛰어다녔다. 파도는 발끝을 간질였고, 붉게 물든 바다와 하늘, 그리고 웃고 있던 우리가 함께 어우러졌던 순간. 그건 잠깐이었지만, 분명히 여름이었다.

"내년에도 꼭 다시 오자." 그 말은 붉은 노을빛 아래, 조용한 약속이 되었다.

하지만 그 약속은 시간 속에서 조금씩 흐려졌다. 각자의 삶으로 흘러들며 연락도, 기억도 점점 멀어졌다.

그러다 몇 해 뒤, 나는 퇴근길에 또다시 노을을 마주했다. 생각할 겨를도 없이, 그 바다로 향했다.

그곳엔 이제 나 혼자였다. 모래는 여전히 따뜻했고, 바다는 여전히 붉었다. 다만, 함께 걷던 발자국만 사라져있었다.

나는 말없이 그 노을빛 위로 천천히 발걸음을 옮겼다.

시간이 지나도 잊히지 않는 것이 있다. 그날의 바다, 그 여름의 웃음, 그리고 빛 속을 달리던, 그때의 우리.

그 노을빛 아래, 나는 여전히 그 여름을 걷고 있었다.

1. 문미영

이쁜 노을을 보면 네가 생각나

노을이 보이네
잘 있지?
네가 노을을 참 좋아했는데
네가 있는 세상은 어때?
노을을 볼 때마다 네가 생각나.
벌써 너랑 이별한 지도 1년이란 시간이 지났어.
거기에서는 안 아픈 거지?
노을을 좋아했던 네 모습이 자꾸 아른거려서
어느 순간 노을이 싫어지더라.
내 꿈에도 안 나타나고 무슨 일 있는 건 아니지?
너무 갑작스럽게 가버려서 제대로 인사도 못했네.
하늘나라에서는 아프지 마.
꼭 내 꿈에도 나타나 주고.
사랑해. 고마웠어. 행복했어.

1. 조현민

노을은 끝이 아니라

하루가 저문다.
붉게 물든 하늘을 바라보며 사람들은 '이제 끝이구나'라고 생각한다.
그런데 나는 노을을 볼 때마다 '시작'을 떠올린다.
노을은 어쩌면 태양이 저 멀리 다른 세상을 비추러 가는 길목일지도 모른다.
하루라는 무대의 막을 내리며, 어김없이 마지막 장면에 조명을 켜주는 것 같기도 하다.
그래서일까 노을은 늘 조용한 위로가 된다.
'여기까지도 잘 해냈다'는 말을
색으로 대신 건네는 듯하니까
어릴 땐 노을이 무섭기도 했다.
어둠이 뒤따라오니까
하지만 어른이 되어서야 알게 되었다.

어둠은 늘 지나가고 다시 아침은 찾아온다는 것을
그러니 노을은 끝이 아니라 이어짐이다.
붉게 타오르는 하늘 아래에서
나는 오늘도 고개를 들어본다.
잠시 멈춰 하루의 무게를 씻는다.
그리고 조용히 마음속으로 중얼거린다.
"고마워 오늘도."

1. 윤슬인

노을이 들려준 이야기

"바람이 머물다 간 들판에
모락모락 피어나는 저녁 연기
색동 옷 갈아입은 가을 언덕에
빨갛게 노을이 타고 있어요…"

동요 '노을' 가사 중에서

어릴 적 학교 합창단에서 수많은 동요를 배웠지만, 이상하게도 이 노래만은 유독 오래도록 마음속에 남아 있다. 국민학교 시절, 독창 대회에서 상을 받았던 기억 때문일까. 아니면 학교 방송부에서 6학년 1반 대표로 이 노래를 부르게 되었던, 그 설레고 떨리던 순간 때문일까.

그날 아침을 아직도 생생하게 기억한다. 창가로 쏟아지던 따뜻한 햇살, 분주하게 준비물을 챙기던 교실의 소란스러움, 그리고 반 친구들이 내게 건네준 "잘하고 와!"라는 한마디. 그 짧은 응원에 어린 마음은 세상을 다 가진 듯 기뻤다.

나는 '노을'을 누구보다 멋지게 부르고 싶었다. 매일같이, 쉬는 시간마다 복도 끝 창문 앞에서 연습하곤 했다.

"모락모락 피어나는 저녁 연기" 부분을 부를 때면, 좋아하던 남학생이 "모락모락 피어나는 네 방귀 냄새"라며 장난치곤 했다. 화가 나고, 얼굴이 빨개져 부끄러웠지만, 그보다 더 큰 감정은 오로지 잘 부르고 싶은 내 간절함이었다.

그렇게 나는 학교 방송국 마이크 앞에 서서, 떨리는 마음으로 노래를 시작했다. 긴장이 되었지만, 마지막까지 용기 내어 노래를 불렀다.

그런데 교실로 돌아오자 친구들이 어색하게 웃고 있었다. 무슨 일인가 했더니, 방송부원의 실수로 내 목소리가 교실 스피커로 나오지 않았다는 것이다.

이루 말할 수 없이 서운하고 허탈했다.
동요를 고르느라 얼마나 고민했는지, 매일같이 얼마나 연습했는지 아무도 모를 것만 같았다.
나는 자리에서 가만히 울었다. 아무도 다가올 수 없을 만큼 슬픈 표정으로, 수업 시간이 시작되기 전까지 그냥 멍하니 책상만 바라보고 있었다.

그때, 한 친구가 다가와 말했다.
"그래도 잘하는 게 느껴졌어. 네가 노래 부르는 모습, 진짜 멋있었어."

위로였을까. 아니면 그저 울고 있는 내 마음을 달래주려는 말이었을까.
하지만 그 한마디가 무너진 마음을 살짝 일으켜주었다. 누군가 내 노래를 듣지 못했어도, 내가 노래하는 '모습'을 기억해 준다는 것. 그것만으로도 위로가 될 수 있다는 것을, 그때 처음 알았다.

세월이 흘러 마흔을 훌쩍 넘긴 어느 날, 우연히 이 동요를 다시 듣게 되었다.

어릴 적에는 대회에서 상을 받고 싶어서, 누군가에게 '잘한다'는 말을 듣고 싶어서, 가사의 뜻을 깊이 생각하지 않았다. 그런데 이제 가사를 천천히 되새겨보니, 이 노래는 그저 동요가 아니었다.

"바람이 머물다 간 들판에
모락모락 피어나는 저녁 연기
색동 옷 갈아입은 가을 언덕에
빨갛게 노을이 타고 있어요
허수아비 팔 벌려 웃음 짓고
초가지붕 둥근 박 꿈꿀 때
고개 숙인 논밭의 열매
노랗게 익어만 가는…"

하루가 저물어 갈 때, 세상을 가장 따뜻한 빛으로 물들이는 노을의 모습이 시처럼 느껴졌다.
어릴 적에는 미처 알지 못했던 해 질 녘의 아름다움. 바쁜 일상 속, 숨 가쁘게 살다 문득 고개를 들어 본 하늘에서 야, 나는 비로소 그 아름다움을 발견할 수 있었다.

노을은 하루의 끝이지만, 또 다른 하루를 준비하는 시작이기도 하다.
지는 해를 바라보고 있으면, 내 안에 묻어둔 그리움들이 하나둘 떠오른다.
방송이 나오지 않아 눈물을 삼켰던 그날, 그래도 끝까지 노래했던 용감한 어린 나.
칭찬 한마디에 기뻐하던 순수한 마음, 잘하고 싶은 간절함, 그리고 작은 위로에도 마음이 풀어지던 여린 마음.

이제는 안다.
진짜 중요한 것은 누군가의 인정보다, 내가 내 하루를 인정해 주는 일이라는 것을.
누군가 듣지 못한 내 노래도, 내 마음속에는 여전히 울려 퍼지고 있었다.
노을처럼, 내 하루도 언젠가는 가장 아름다운 색으로 물들 것이라는 믿음.
그 믿음이 있기에, 오늘도 나는 하루를 노래한다.

노을을 바라보면, 어린 시절의 내가 떠오른다.
방송이 나오지 않아 서운해하던, 그러나 친구의 한마

디에 마음이 풀렸던 그날.

그때도, 지금도, 노을은 늘 같은 자리에서 나를 지켜보고 있었다.

어쩌면 오늘의 나도, 저 노을빛처럼 누군가의 마음에 조용히 스며들고 있을지도 모른다.

1. 영지현

갈라진 하늘

원래 노을 보는 것을 좋아한다. 하지만 오후 6시부터 밤 10시까지가 가장 바쁜 시간이라 여유롭게 노을을 볼 수 없다.

작년 9월에 본 노을이 가장 신기했다. 추석 연휴 때 가족들과 함께 경주로 놀러 갔다. 시어머니, 남편, 4살짜리 아들 그리고 나는 바닷가에 위치한 펜션에서 사흘을 보냈다.

둘째 날 저녁에 각자 따로 시간을 보냈다. 시어머니는 손주를 재우고 계셨다. 남편은 거실에서 게임을 하고 있었다. 그리고 나는 2층 테라스에 올라가서 바다 풍경을 만끽하고 있었다. 바다와 하늘을 보면서 오랜만에 마음의 여유를 느꼈다. 그날 저녁 하늘에 구름이 많았다. 내 등 뒤에서 저물어가는 태양의 황금빛이 따뜻했다. 하늘은 점점 어두워지고 있었다. 푸른 바다는 끝없이 펼쳐져 마치 다른 세계로 이어지는 듯했다. 수평선 위의 하늘에서 파란색과 보라색이 섞여 있었다. 솜사탕과 같은 구름이 주황 금색이 되었다. 왼쪽 하늘에서 노을이 지고 있었다. 그런데... 좀 더 짙은 파란색의 오른쪽 하늘에서 이미 달이 떠 있었다. 그 날 마지막 태양 광선이 하늘을 세로로 갈라놓았다. 나는 그런 현상을 처음 봐서 너무 신기했다. 말로 표현하기 어려울 만큼 인상 깊은 순간이었다. 하늘의 신비로움을 사진에 담아보려 했지만, 내 눈에 보이던 모습과 휴대폰 카메라에 담긴 모습은 달랐다. 그래도 사진을 찍어 놓고 편집을 조금 했다. 내 눈에 보이던 하늘과 비슷하게. 남편에게 메신저로 사진을 보냈다.

"하늘 봐 봐."

나는 메시지도 보냈다.

"우와~ 신기하다."

"그치? 난 그런 걸 처음 보는데."

몇 분 있다가 남편은 테라스로 올라왔다. 나와 나란히 편한 의자에 앉았다. 이제 남편과 함께 신기한 현상을 보고 있었다. 반짝이는 별들이 보일 때까지 둘이서 밤하늘을 바라봤다. 함께 노을을 보고 있는 시간이 따뜻하고 소중했다.

누구에게나 그런 시간이 필요하다. 사랑하는 이와 함께 낭만적인 노을을 보면서 서로의 소중함을 느끼기를 바란다.

2. 영지현

붉은 노을

나는 항상 붉은 노을을 두 손꼽아 기다린다. 붉은 노을은 특별한 매력이 있다고 생각하기 때문이다. 하늘이 붉은빛으로 가득할 때마치 불이 타오르는 듯하다. 어린아이처럼 신난다. 눈을 크게 뜨고 노을을 지켜본다. 우리 남편이 그런 나의 모습을 보며 웃는다. 그래서 저녁 하늘이 빨갛게 타오르면 나를 부르고 노을을 보라고 한다. 휴대폰을 들고 베란다로 달려간다. 불같은 노을을 한참 보면서 사진과 동영상도 찍는다. 아쉽게도 휴대폰 카메라에 노을의 아름다움이 다 담기지 않는다. 사진이나 동영상을 조금 편집해야 실제 노을과 비슷해진다.

붉은 노을을 볼 때마다 생각나는 노래가 있다. 이문세의 "붉은 노을"이다. 노래를 안 틀어도 내 귓가에 들리는 듯하다.

"... 난 너를 사랑해~ 우우우~

이 세상은 너뿐이야

소리쳐 부르지만

저 대답 없는 노을만 붉게 타는데..."

붉은 노을을 자주 보는가?

노을을 보면서 자주 하는 생각이 있는가?

생각나는 노래 가사가 있는가?

노을 보면 무엇이 떠오르는가?

1. Bluebird JE

저물어 가는 노을

가슴 한구석 마음이 미어지듯
저물어 가는 노을을 바라보며
마음을 달래 보고 있다.

눈물이 적셔지는 하루를
참지 못하고 빈 공간만
멍하게 쳐다보고 오늘 하루도
일상이 반복되듯 속만 애태운다.

뭘 그렇게 애달프게 힘들어했는가?
무엇이 처량하게 만들어 애태우는가?

저물어가는 노을 저편을 보면서
하염없이 흐르는 눈물을 머금고
가벼이 숨을 들이마시고 내쉬며
작은 가슴에 소중한 불을 지펴 보자.

2. Bluebird JE

노을

잔잔한 음악 소리에
귀를 기울여 너와 함께했던
시간들을 추억하며
멜로디에 맞춰 흥얼거린다.

오늘도 이렇게 하루가 지나갔구나!

무엇이 나를 혼란스럽게 했는지
무엇이 너를 그립게 만들었는지

붉게 물든 노을빛 건너편을 바라보면서
조용히 숨죽여 네가 불러준 노래들을
들으며 작게나마 미소를 지어본다.

자유롭게 뛰어놀다가 지금이다 했을 때

웃으며 돌아올 너를 생각하며

노을빛 건너편에서 숨죽여 마음껏 기다릴 거다.

1. 안세진

하루를 끝내고 바라보는 노을

지친 어깨를 뒤로 젖히며

창가에 몸을 기댄다

하늘이 붉게 물들어 가는

이 시간이 좋다

오늘도 많은 일들이 있었다

서둘러 지나간 아침

바쁘게 흘러간 오후

그 모든 것들이 이제

저 노을 속으로 스며든다

주황빛이 보랏빛으로 번져가고

구름은 금실로 수를 놓는다

멀리 보이는 건물들도

부드러운 빛에 잠겨

하루의 날카로움을 잃는다

나는 여기 서서
오늘을 돌아본다
실수도 있었고
작은 기쁨도 있었다
그 모든 것이 괜찮다고
노을이 말해주는 것 같다
어둠이 천천히 내려와도
마음은 따뜻하다
내일은 또 다른 하루가 될 테고
그때도 이렇게
노을을 바라볼 수 있을 것이다
잠시만 더
이 아름다운 끝을 바라보자
하루가 이렇게 곱게 저물어 간다

1. 류가민

노을이 준 위로

학업, 학교생활 등으로 많은 학생들이 남몰래 힘들어 하고 있다. 수연 또한 그런 아이 중 하나였다. 수연은 오늘도 힘든 학교생활을 보내고, 집에 돌아와 옷도 안 갈아입고, 가방도 던지듯 두고 다시 밖으로 나갔다. 수연이 향한 곳은 노을이 잘 보이는 강변이었다. 원래라면 집에서 쉬었을 수연이지만,

오늘 유독 지쳤기 때문이었을까? 마음의 변화일까? 평소엔 잘 오지도 않는 강변으로 끌리듯 왔다. 해가 지면서 붉게 보이는 저 하늘이 오늘따라 보고 싶었다. 수연은 노을이 가장 잘 보이는 쪽에 있는 벤치를 찾아 앉았다. 이렇게 혼자 휴식을 취하는 게 얼마만 인지. 수연은 퀭한 눈으로 붉은 노을을 바라보았다. 아무 말도 없이 영혼이 빠진 사람처럼. 창문으로 노을을 많이 봤었는데 직접 보니 또 다른 느낌이었다. 창문으

로는 느껴지지 않았던 울림이 느껴지는 기분이었고, 저 붉은색이 수연의 마음을 색칠해 주는 기분이었다.

바람이 벤치에 앉아 있는 수연을 지나쳐 수연의 긴 머리카락을 휘날렸다. 수연은 그 바람을 느끼며 가슴에 묵혀뒀던 가시 박힌 말들을 바람에 흘려보냈다.
"학생일 때가 좋지, 크면 사회생활 해야 하고 챙겨주는 사람 없어"
"엄마 아빠니까 너한테 그런 말 해주는 거야 다 너 걱정되니까 하는 말이라고"
참, 학생 때는 안 힘들다는 법이라도 만들어놨나, 그걸 어떻게 단정할 수 있어? 엄마 아빠는 좀 이럴 땐 위로 좀 해주면 참 좋아? 다시 생각하니까 수연의 마음속 잔잔했던 물결이 파도치듯 올라오고, 눈가가 시린 느낌이 나더니, 어느새 눈물이 고였다.
"야, 여기서 뭐 하냐?"
수연은 익숙한 목소리에 화들짝 놀라 고개를 든다.
"어? 박수진? 네가 왜 여기에 있어?"
"야 난 뭐 여기에 있으면 안 되냐? 나도 여기 동네 사람인데, 밥 먹고 나서 산책 겸 나왔다. 넌 여기서 뭐

하는데? 남친한테 차여서 우냐?"
"뭐래! 아니거든! 남친도 애초에 없어!"
수연이 처음 든 감정은 쪽팔림이었다. 친구들 앞에선 늘 털털하고 강한 모습만 보여줬던 수연인데, 처음으로 친한 친구에게 우는 모습을 들켜버렸기 때문이다.
"옆에 앉는다."
수진이는 수연의 옆에 자연스레 앉았다. 그렇게 수진과 수연은 한동안 말없이 같이 노을을 쳐다보았다.

"진짜 왜 울고 있었냐?"
한참 동안의 침묵을 먼저 깬 건 수진이었다.
"그냥, 요즘에 좀 힘들어서"
"네가? 힘든 티 하나도 못 느꼈는데"
"야! 사람이 힘든 티 안 나면 무조건 안 힘든 거냐? 그냥 숨긴 거뿐이지!"
"···미안, 무슨 일인데? 나한테 말해봐"
"···너한테도 자주 말했잖아 나 학교생활 잘 못하고 있다고, 그거 때문에 자신감도 사라진 거 같고, 부모님께 말하면 부모님은 날 가르치려고만 해, 근데 그게 지금 나한테는 필요한 게 아닌데···."

"나는 네가 나한테 늘 괜찮다고 하고 내 앞에서 웃기만 해서 네가 힘들다는 게 와닿지 않았나 봐 그렇다고 해도 네가 학교생활 힘들다고 할 때 네 반에 찾아가 볼 걸…."
수연은 침묵한 채 노을을 다시 바라본다.

수연은 노을을 볼 때 느껴지는 기분들이 참 좋았다. 힘들고 지친 하루에 저 노을이 잘 견뎠다고 힘들고 아프지만 오늘 하루도 무사히 잘 마쳤다고 알려주고 온기가 필요했던 수연을 따뜻하게 감싸안아 주는 거 같았다. 노을이 준 위로는 수연에게 힘을 주었고, 그 힘 덕분에 수연은 벼랑 끝에 서게 되어도 한 발짝이라도 나아갈 수 있었다. 오늘 수진에게 속마음을 털어놨던 행동도 평소 수연이라면 절대 하지 않았을 행동이었다. 하지만 노을이 준 힘 덕분일까? 처음으로 누군가에게 마음속 깊은 곳에 묻어뒀던 이야기를 세상 밖으로 꺼냈다.
"그냥, 말해 볼 걸"
수연의 중얼거림에 수진은 수연을 쳐다보았다.
"뭐가?"

"아니 그냥, 무슨 자존심을 부린다고 내 마음을 숨겨 뒀나 싶기도 하고, 이렇게 말하고 나서 속이 후련한 걸 느끼니까 진작 말할 걸 싶기도 하네 오늘 내 이야기 들어줘서 고맙다. 앞으로 힘들 때 자주 노을을 보러 와야겠다."

"너 혼자서만?"

"같이 와 줄 거야?"

"뭐… 내가 언제 네가 만나자고 할 때 빼먹은 적 있냐? 넌 좀 쉴 필요가 있어, 뭐가 그렇게 급해서 맨날 혼자서 삽질하고 혼자서 해결하려고 하냐? 쉬어도 돼 너 진짜 잘하고 있고 잘 견디고 있어, 내가 뭐 괜히 너한테 네가 강하다고 하는 줄 알아? 나였으면 너처럼 혼자 못 버텼어. 진작에 울고불고했겠지. 내가 본 사람 중에 네가 제일 멋져, 장난 아니고 진심으로"

"아, 진짜… 이제 눈물 막 그쳤는데 또 울리지 말라고 박수진…!"

"근데 이제 추가로 울보라는 별명도 붙여야겠다. 강한 울보? 어때?"

"완전 이상하거든!"

수연은 이날을 잊지 못할 것 같았다. 이날의 여운은

두고두고 생각날 것이다.

세상 밖으로 꺼낸 수연의 이야기는 어딘가 좀 다쳤고 어리숙하고 뾰족할지라도 노을이 준 마법 같은 힘이 그 상처들과 가시들을 씻어내어 주었기에 다시 동그랗게 변할 수 있었고 수연은 용기를 낼 수 있었다. 성장하면서 지금보다 더 큰 일도 파도처럼 덮쳐 오겠지만, 이날을 떠올리며 수연은 다시 노을을 찾아, 나아갈 수 있을 것이다.

오늘의 해가 지면서 노을은 사라지지만, 다음날에 또다시 노을은 찾아오니까.

1. 신윤호

너라는 노을

저녁 하늘이 너를 닮았어.
말없이 물들고, 조용히 사라지는 그 모습까지.

내 하루 끝에 항상 있었지만
손 뻗으면 닿지 않던 거리,
마음으로만 껴안던 온기.

너는 한순간을 살다 간 빛이었고,
나는 그 빛 아래 오래 서 있던 그림자였어.

떠나는 줄 알면서도,
나는 또 바라봐.
다시 오지 않을 너라는 노을을.

1. 하형정

너와 처음 노을을 보던 날

너를 옆에 두고
노을을 보는 일은
하늘이 준비한 선물 같아

스치듯 손끝이 닿자마자
가슴이 콩닥콩닥
고백하는 소리처럼

눈빛이 부딪히고
웃음이 살짝 번지면
심장이 두근두근
마음이 너를 향해 달려가게 돼.

해가 지는데도
하트 시그널은 밝아지고
노을빛 사이사이
사랑이 뾰족뾰족 피어나는 날

아주 조용히 마음 한켠에서
널 사랑하기 시작했어

2. 하형정

노을 앞에 선 억새

천관산 끝자락
해가 저물기 시작하면
억새는 태양 쪽으로
몸을 기울인다.

빛은 뿌리까지 스며들고
바람은 조용히 지나간다.
무리 지은 억새들이
한 몸처럼 흔들릴 때면
산도 숨을 멈춘다

가장 연한 것이
가장 멀리 빛을 품을 수 있다는 걸

억새는 빛을 쫓지 않고
그저 스스로 빛이 되어
노을의 마지막을 채운다

소리 없이 물든다는 것
함께 흔들리며 사라진다는 것
사라지는 것이 결코
지워지는 것이 아님을

노을 속 억새를 따라
자세를 낮춘다
한 줌의 빛처럼 남고 싶어서

1. 최이서

노을

마음에 심은 작은 불꽃 하나
열정의 그 시간 위에
하늘은 우리가 지나온 것들을 기억하며
저물어 가는 하루에 붉은 숨결을 불어 넣는다

아침 해를 띄워
하루를 묵묵히 걸은 태양은
뉘엿뉘엿 지는 오늘에
여운을 남기고

하루 끝, 저 멀리
노을빛 찬란한 서쪽 하늘

구름 사이 노을의 아름다운 풍경은
순간이 영원히 되어
더 큰 세상으로 달려온 열정의 하루에
말없이 위로를 건네며

붉은 물결 빛나는
가슴 가득 내려앉는 평화로움

뉘엿뉘엿 지는 하루에
여운을 남기는

한없이 다정한 너는, 노을

2. **최이서**

그날의 노을 진 창가에 앉아

붉은 노을빛 천천히
창가 커튼 사이로 스미는 늦은 오후
바람이 스친 자리에

잔의 그림자 길게 드리우는
그 고요함이
그날의 너를 데려와
우리의 계절은 흘러

커피 식는 줄도 모르고
우리 주고받던 웃음소리와 대화의 기억이
따뜻했고 예뻤던 그날이

사랑이란 단어조차 무의미했던
충분했던 너와 나의
그날의 공기와 온도

그림처럼 아름다운
노을빛 찬연히 머무는 창가에

그 노을빛이 너 같아
스며드는 너를
내 마음 안에 걸어뒀어

그리고
나는 가끔 그 노을빛을 걸어
조용히 아주 천천히
너를 그리며

1. 신은서

Requiem for me

하루의 끝에서 마지막 인사를 전하네
떠나면 다시는 돌아올 수 없는 내게
시간의 끝이 내게 다가오는 지금에
후회나 미련은 한 점도 없길 바랄게

이 노을이 지고 나면 ……

오늘의 나는 이제 눈을 감고
내일의 나는 또다시 태어나네
어제의 나는 흰 국화가 되고
내일의 나는 꽃잎을 이어가리

1. 동네과학쌤

노을이 기억하는시간

오늘도 노을을 보려고 창가에 앉는다. 하루 종일 바쁘게 살다가도 해가 질 무렵이면 잠시 모든 것을 멈추고, 창가에 앉는다. 붉은 물감이 파란 하늘 가득 번져가는 다채로운 색채 앞에서 시간의 경계가 흐려진다. 과거와 현재가 한 덩어리가 되어 내 앞에 떠오른 후 노을빛에 스며들어 흩어지듯 사라진다. 노을을 보면 자꾸 옛일이 떠오른다. 어린 시절에도, 대학생일 때도, 힘들었던 시절에도 노을은 늘 그 자리에 있었다. 어린 날의 노을은 할머니 손등을 닮았다.

"애야, 밥 먹자"

밭일을 마치고 돌아오신 할머니의 목소리가 작은 창문으로 스며드는 따스한 황금빛 노을과 함께 부엌을 가득 채웠다. 할머니의 구부정한 등과 분주한 손놀림, 된장찌개 끓는 소리와 마늘 볶는 향, 그리고 멀리

서 들려오는 아버지의 발걸음 소리 모든 것이 어우러져 집 안 가득 따스한 기운이 번졌다. 그때 노을은 집으로 향하는 길이었다. 창 너머로 같은 노을이 내려앉는다. 매일 뜨고 지는 태양이지만 오늘의 노을은 어제와 다르고, 내일의 그것과도 다를 터이다. 붉은색에서 주황으로, 주황에서 짙은 자줏빛으로 변해가는 하늘을 바라보며, 나는 이 순간에 머문다. 과거의 기억들이 노을빛에 떠오르다가도, 곧 현재의 감각으로 다시 수렴된다.

대학 시절, 동아리 활동 후 운동장 스탠드에서 친구들과 함께 보던 노을. 졸업 후엔 뭘 하며 살까, 어떤 사람이 될까, 그런 질문들 사이로 풋풋한 열기와 함께 분홍빛 노을이 스며들었다. 그때의 나는 노을을 대화의 배경으로만 생각했다. 하지만 시간이 흘러 이제는 안다. 노을이 단순한 배경이 아니었음을.

이 창가에서 나는 노을과 마주한다. 분석하지 않고 해석하지 않고 그저 바라보고자 한다. 창틀에 기댄 팔꿈치가 따스하다. 햇살이 식어가는 시간, 나는 여기 있다. 창문에 비치는 내 얼굴과 저 하늘의 오묘한 보랏빛이 하나로 겹쳐지는 순간, 주체와 객체의 경계마저 아득해진다.

교사가 되기 위해 시험을 준비하던 20대 후반이 있었다. 과외를 하며 생계를 이어가던 시절. 하천을 따라 학생네 집으로 가는 길에 벚꽃이 한창이었고, 벚꽃잎 사이로 스며든 노을을 보았다. 친구들은 이미 직장에 안착했고, 나만 여전히 시험을 준비하며 하루하루를 버텨내고 있었다. 학생과 학부모 외에는 사람을 만날 일도, 다른 사람과 말할 일도 없었다. 몽환적인 연보랏빛 노을이었다. 나도 모르게 무심결에 사진을 찍었다. 그날, 사진 속 노을은 당시 나처럼 아무 말이 없었지만, 가끔 그 사진을 찾아보곤 하였다.

늦었다고 생각했지만, 어쩌면 가장 필요한 시간을 살고 있었는지도 모른다. 그 시절의 막막함 속에서도 다음 날 아침은 변함없이 찾아왔고, 노을은 매일 저녁 나를 기다리고 있었다.

오랜 연인과 헤어지던 그날도 있었다. 카페에서 나온 후 혼자 걷던 길에서 바라본 노을. 5년의 시간이 견고하게 엮어놓았던 것들이 한순간에 풀어져 내리는 것을 지켜본 후였다. 서로의 깊이를 알기에 더 이상 닿을 수 없는 모순적인 시간이었다. 우리는 결국 맞잡았던 손을 놓았다. 그날 노을은 붉은색이었다. 관계가 끝났다고 해서 그 시간이 무의미해진 건 아니라는 생각이 노을을 보며 문득 들었다.

이 순간에 모든 기억이 현재로 흘러든다. 과거의 노을들이 이 노을 속에서 새로운 의미를 갖는다. 어린 시절의 그리움도, 청춘의 열망도, 사랑의 아픔도, 상실의 슬픔도, 모두 이 순간의 노을 체험 안에서 하나가 된다. 할머니가 끓이던 된장찌개 냄새가 난다. 부엌에는 아무도 없는데 창 너머 하늘이 점점 어두워지고, 노을의 마지막 빛줄기가 지평선 너머로 사라져 간다. 하지만 나는 안다. 이 순간이 끝이 아니라 새로운 시작임을, 내일 또 다른 노을이 나를 기다리고 있음을. 그리고 그때도 나는 지금처럼 온전히 그 순간에 머물러 있을 것이다.

어둠이 완전히 내리면 노을의 잔상이 내 망막에 남는다. 보이지 않지만, 여전히 존재하는 빛의 기억. 나는 창문을 닫는다. 그러나 노을은 시간을 초월하고 기억을 가로질러, 이 순간 내 존재의 일부가 되어 내 안에 머무른다. 평범함이 지속되면 비범해진다는 중학교 시절 수학 선생님의 말씀처럼, 창가에 서서 노을을 바라보는 이 평범한 순간이, 실은 가장 비범한 순간이었을까? 특별한 것을 찾아 헤매던 내게 노을은 말없이 속삭인다. 손끝에 닿는 햇살처럼, 귓가에 스치는 바람처럼, 지금 여기에 무언가가 피어나고 있다고. 사라지는 모든 것 속에서 노을이 드러내는 아름다움, 일과를 마무리 짓는 시간이지만 반드시 또 새로운 시작이 있을 거라는 확신에서 오는 여운. 이런 순간들이 쌓여 나를 만들어 가는 것 같다.

나는 노을에게 감사한다. 내일 저녁, 나는 또 창가에 앉을 것이다.

1. 주변인

시간선의 미술

노을은 시간선의 미술이다.

노을로 누군가에게 하루의 마무리를 선물하고
노을로 누군가에게 영감을 전달하고
노을로 누군가에게 사랑을 기록한다.

시간선의 미술은 우리에게 색다른 풍경을 보여주고
그 풍경으로 우리는 미래를 떠올리며 내일의 노을을
마주한다.

그렇게 노을은 시간선의 미술로 아름답게 자리 잡고
있다.

1. 문병열

붉게 물들어간다

붉게 물든 노을을 바라보면
예쁘다 얘기하는 너에게
내 곁에 있는 너도 예쁘다 말해주었다

노을 때문인지
아니면 수줍게 웃는 네 미소 때문인지
내 마음이 너로 붉게 물들어간다

1. 김태은

능소화의 여름

그 애가 능소화 한 송이를 살포시 들고서 따스한 향을 천천히 들이마셨다.
언젠가 무심코 지나쳤던 영화 속 한 장면처럼,
온 하늘을 물들인 저녁노을이 묘한 환상처럼 느껴질 법한 순간이었다.
노을의 잔상을 닮은 능소화의 주황빛이 숨결을 타고 그 애의 눈동자에 스며든 걸까.
한껏 향기를 머금은 채 내게 환히 미소 짓는 그 애의 눈빛은,
마치 세상의 마지막 햇살이라도 되는 듯 눈부시게 일렁였다.
너무 눈부셨던 탓일까, 차마 바라볼 용기가 생기지 않던 나는 감히 그 애와 눈을 마주칠 수조차 없었다.
그렇게 우리의 찬란한 여름날도, 어느새 주황빛으로 물든 듯 조용히 저물어 가겠지.

포레스트 웨일

공동 작가

여운

2. 이겹

번지는 물결

누군가의 작은 감정들도 받아주기 힘들었다,
네 감정으로 가득해서

보이는 것들만 치우고 버렸었다

그걸로 위안했나 보다
그래서 깊어졌나 보다

네가 떠난 후,
내게 엮여 있는 것들은 대개 엉망이었고

흘린 마음을 주워 담아
다시 우리의 장소를 찾았다

'너의 발자국도 다녀갔으려나' 같은

후회 담긴 쓸데없는 생각을 하며,
그래서일까,

널 떨쳐내려 떠난 바다에서
몰아치는 파도를 멍하니 보다,

물방울들 속 번지는 네 모습을 보았다

밀려오는 파도가 슬퍼 보인 게
거짓이 아니었구나.

나에게로 가까이 떨어진 방울들은,
땅으로 떨어져 흔적만 조금 남긴 채
다시 안 보이게 되었다.

오늘도 너는 마지막이 아니기를,
미련 가득 담아 바다에 띄워 보내고

다시 네가 없는 그곳으로 돌아간다,
난 또 여행자가 될 수 없었다.

노을

3. 이겹

숨

보고 싶었어,

그토록 깊게 들린 건 처음이었어
그 순간만큼은 예전 그대로였고

별도 하늘도 달도
게다가 네 눈빛까지도 말이야

하나하나 읊어지는 건 다 너였어,

낮보다 새벽이 어울리던 나에게
따스한 구름이 되어주어 고마워

그렇지만 달콤한 말들로 널 안지는 않을게
녹아버리는 사탕 같은 사람은 되기 싫으니까

시린 바람이 불어도
항상 안아주는 네가 있으니 따스해

우리 숨결은 부딪히면 구름이 돼
금방 말랑해져

품 안에 꼬옥 안아주고 싶을 만큼

한낱 네 숨소리에도
내가 묻어있기를 바라,

1. 김채림(수풀)

보석 같은 그대

향긋한 내음이 바람에 나부낀다

사랑이 싹트는 애정의 손길이

꽃들의 마음을 가꾸며

위로와 평화를 전하는

긍정의 그대는

태양의 신입니다

그와 맺어진 품 안에

당신이 태어나줘서

감사합니다

2. 김채림(수풀)

설익은 딸기 맛

길바닥에
달착지근 넘치게 흔해 빠진
딸기 맛
누구를 위하여 곱게 할꼬
딸기는
자신의 반쪽을 만나 완전한 하나가 된다
눈 감으면 두 손에 가득차는
온통 말갛게든 딸기물,
자꾸만 스며들어
점점 더 생각이 난다
말로 전해지지 않아
계절이 바뀌기도 전에
사라져 간다

2. 꿈꾸는 쟁이

당신의 여운

긴 영화가 주는 여운보다
당신과의 아주 짧은 만남이
텅 빈 내 마음을 채워줍니다.

짙은 노을은 서서히 지면서
아름다운 풍경을 만들지만
당신이란 존재는 내 마음속에
온전히 들어와 공허한 마음을
채워주며 아주 긴 여운을 남기네요.

짧은 만남 속에서도 따뜻한 여운의
당신이라 좋습니다.

그리하여 벌써부터
나는 당신과의 다음 만남이 기다려집니다.

3. 꿈꾸는 쟁이

당신에게도

매번 짧디짧은 만남 속에서도
내게 깊고 깊은 여운을 남기는
당신처럼~

당신에게도
나란 존재가 깊은 여운은
아니더라도
잔잔한 여운으로라도 기억될 수
있었으면 참 좋겠다.

3. 김혜지

여운은 가끔, 말보다 오래 남는다

끝났다고 믿었다.
더는 그 사람을 떠올리지 않을 거라고,
다 지나간 일이라고,
정리할 만큼 정리했으니 괜찮다고.

그렇게 생각했다.
아니, 그렇게 믿고 싶었다.

하지만 사람 마음이란 게
'정리'라고 선언한다고
정말 정리가 되는 건 아니더라

그날도 똑같은 하루였다.
아침에 늦게 일어나
커피를 내리고, 창문을 열었다.

밖은 애매하게 흐렸고,
머릿속은 멍했다.

일이 있었던 것도,
누군가와 연락을 주고받은 것도 아니었다.
그냥 아무 일도 없어서,
집에만 있기 싫어 나갔다.
한참을 걷다가,
평소엔 잘 가지 않던 골목으로 들어섰다.

조용하고 오래된 길,
돌담과 담쟁이덩굴이 엉킨 벽.
누군가 며칠 전에 잃어버린 장갑 한 짝.
그리고 발밑에서 사뿐히 떨어져 있던 은행잎 하나.

그 순간,
아주 오래전 어느 저녁이 떠올렸다.
함께 걷던 길이었다.
가을이었고, 네가 말했었다.

"오늘은 그냥 걷고 싶어."

나는 아무 말도 하지 않았다.
질문도 하지 않았고,
다정하지도 않았다.
그저 옆을 걷기만 했다.

그게 네가 원한 전부라고
내 나름대로는 생각했는데,
지금 와 생각해 보면
그 말 뒤에 담긴 마음을
나는 너무 쉽게 지나쳐버렸다.

여운은 그런 식으로 온다.
아무 일도 없는 오후,
할 일도, 만나야 할 사람도 없는 하루,
그런 날의 중간쯤
붉은빛이 스며드는 벽 아래서
슬며시 스친다.

언제부터인가
나는 내 감정이 너무 조용해서
나조차 들여다보지 않고 있었다
그런데 여운은
말보다 먼저 오고,
말보다 오래 남는다.

그땐 몰랐던 말의 결,
표정 사이의 틈,
숨겨진 손끝의 힘.
다 지나고 나서야
그게 마음이었다는 걸 안다.

여운이란
시간이 지나야 들리는 목소리 같은 거다.
그때는 바빠서, 혹은 무뎌서
듣지 못했던 말들이
한참 뒤에야 마음속에 울린다.
그게 뭐였는지 설명은 어렵다
후회인지, 그리움인지,

아니면 내가 너무 무심했던 날들에 대한
조용한 자책인지

하지만 분명한 건,
그 감정은 여전히 내 안 어딘가에 살아
있고,
나는 가끔 그것을 만나러 걷는다.

나는 요즘,
괜히 길을 걷는다.
누구를 만나러 가는 것도 아니고,
카페에 앉아 무언가를 쓰는 것도 아니고,
정말 그저 걷는다.

발끝이 가는 대로 가다 보면
예상치 못한 골목과 마주치고,
그 골목에서 잊고 지낸 감정 하나를
불쑥 주워 들게 된다.
그때 느낀다.
아, 이건 아직 끝나지 않은 마음이구나

정리는 됐지만,
사라지진 않았구나
예전의 나는
이런 감정들을 '미련'이라 생각하고
떨쳐내야 한다고 여겼다.

하지만 지금은 안다
여운이란 건,
떨쳐낼 수 있는 게 아니라
그냥 곁에 두는 것이라는걸.

말없이 남은 감정,
말로 다 하지 못했던 마음.
그게 나를 무겁게 할 때도 있지만
가끔은
나를 지탱해 주기도 한다.

여운은 가끔,
말보다 오래 남는다.
그건 끝이 아니라,

이해가 늦게 오는 감정일지도 모른다.
시간이 필요했고,
거리를 두어야 보였고,
조용해야 들렸다.

나는 오늘도 아무렇지 않은 얼굴로 걸었다.
하지만 그 골목 어귀에서,
작은 마음 하나를 다시 만났다.
그리고 그 감정은
나를 지나쳐 가지 않았다.
잠시 머물렀고,
나는 그것을 조용히 받아들였다.

그건 미련이 아니라,
여운이었다.
그리고 그 여운은
나를 더 부드러운 사람으로
만들고 있었다.

2. 김예빈

가끔 떠오르는

다 지나간 일인데도 마음에 남는다.
짧은 한마디가, 그날의 공기가, 스쳐 간 표정이 자꾸 생각난다.
끝난 줄 알았는데, 그 자리에 멈춰서 나를 기다리고 있었다는 듯이.

다음 날 아침이 오고, 또 하루가 흘러가도,
문득 고개를 돌리면 그때의 냄새가 돌아온다.
말하지 못한 말들이, 다 전하지 못한 마음들이
작은 바람처럼 남아 따라다닌다.

돌아가고 싶다는 건 아니다.
그저 가끔 그날의 나를 떠올리고, 그때의 웃음을 다시 떠올린다.
그러고 나면 조금은 괜찮아진다
그게 나에게 남은 여운이다.

3. 김예빈

텅 빈 자리

너를 보내고 돌아오는 길에 커피를 샀다
거기에 네가 없다는 사실이 조금 낯설었다.

연락하지 않기로 한 날,
별일 없는 하루가 지나갔다
생각보다 아무 일도 일어나지 않았다.

네가 없으니 편하다고 생각했는데
편한 게 꼭 좋은 건 아니었다.

새벽에 알람이 울리고,
문득 전화를 걸까 하다 말았다.
굳이 할 말이 없다는 걸 알고 있었는데도

네가 떠난 자리에 아무것도 남지 않았다.
그게 더 오래 남았다.

3. 이혜성

전진

달과 별을 품은 저 커튼을 거두고
아침과 손을 맞잡고 나아가자.

존엄하게 내 위에서 바라보는
저 태양에 반갑다는 인사하고
점심과 어깨동무하고 나아가자.

모두의 땀방울을 모아 담은
결실의 찬란한 성배를 들어 올려
달과 별을 품은 저 커튼을 쳐두고
저녁과 나란히 발맞춰 나아가자.

내일은 어떤 경주로를 달리게 될까,
모레는 또 어떤 길을 마주하게 될까,
하루라는 긴 시간이 지나간 자리에

남겨진 나의 발자국을 바라보고는
다시 도전하는 하루를 나아가자.

2. 강대진

침묵이 주는 여운

말하지 않아도 알수 있는 건
침묵이 주는 그 시간에
여운이 느껴지는
깨우침이 있습니다

할 말이 없는 게 아닌데
할 말이 있는데
내뱉지 않을 뿐
소리 없이 부는 바람에도
시원함을 느끼고
소리 없이 뜬 별과 달
밤하늘을 밝게 비추듯

말하지 않음에 오해
싫어서 그런 것도 아닌
잘못한 게 있어서도 아닌
할 말 안 할 말
다 뱉는 당신의 인성
침묵하며 경청 중

침묵의 여운에
눈물이
마음을 적십니다

3. 강대진

비행 후 남는 여운

시작이 힘들었던 건
지금까지 해온 습관 때문에
변화하기가 두려웠던 거였다

막상 놓아버리려 하니
당장 잃어버리는 습관에서
버려지는 시간들과 돈

조금씩 조금씩 사라져갔지만
또 다른 시작에서의 행복은
나를 편히 숨쉬게 하는 빛나는 희망!

여태껏 누려보지 못했던 자유가
얼마나 날 울리는 힐링이었는지

떠나는 비행에서의 눈물과
돌아오는 비행에서의 눈물은
또 다른 시작 속에
또 얼마만큼 견뎌내야 하는지
보이지 않는 현실에 안타까움

그래도 또다시 시작하리라
언젠간 또다시 비행하리라.

1. 이기선

하얀 잔, 밤빛을 담다

커피를 다 마신 하얀색 커피잔의 바닥에 남은 밤빛은
커피를 마시다가 옷섶에 방울져 떨어진 밤빛은
그 흔적은 작지만, 그 은은한 밤빛은 내 머리를 잔뜩
헤집었다

창가에 앉아 커튼을 걷으며 하루를 다시 시작하던 그
설렘도
창가에 앉아 따뜻한 햇살을 느끼며 졸음을 참아보던
순간도
창가에 앉아 커피를 마시며 보았던 사람들의 바쁜 발
걸음도

여느 때처럼 하얀색 커피잔이 내게 선사하는 소소한
한잔은

하얀색 손잡이를 잡은 내 손가락의 끝에 무언의 신호를 보냈다
'추억을 간직해주세요' - 밤빛은 은은한 잔상으로 내게 남았다

3. 류광현

마음 끝에 남겨진 것들

모든 것이 지나간 자리엔
늘 말 없는 여운이 남는다.

소중한 사랑이 그랬다.
뜨겁게 마음을 주고받던 순간도 있었고,
때론 아무 말 없이 손을 잡는 것만으로도
세상이 온전히 이해되는 듯한 날들이 있었다.

그 사랑은 언젠가 떠났지만
내 마음 어딘가엔 아직도 조용히 머물러 있다.
그 사람의 목소리, 그 따뜻한 눈빛,
조금은 어색하게 웃던 얼굴.
어느 하나 또렷하지 않아도
기억은 여운으로 남아 자주 나를 멈춰 세운다.

어느 날,
지친 하루 끝에서 우연히 들려온 노래 한 곡.
그 멜로디 속에 숨어 있던 옛 기억은
마치 잊고 있던 내 마음을 다시 끄집어낸다.
그 사람과 나눴던 음악.
함께 듣고, 함께 따라 부르던 그 순간들이
여전히 내 안에서 선명하게 살아 숨 쉬고 있다.

그 사람은 이제 곁에 없지만
그 사랑이 나를 만든 것 같다고,
지금의 내가 된 이유 중 하나였다고
이제는 말할 수 있다.

무너질 듯한 날에도
그때 그 따뜻했던 말 한마디,
잠든 새벽에 건네던 안부 메시지,
아무 이유 없이 보내준 웃음 가득한 사진 한 장이
내게 얼마나 큰 힘이었는지
지나고 나서야 알게 된다.

누구나 하나쯤은
마음 한편에 여운으로 남은 사람을 안고 살아간다.
헤어진 연인이든,
세상을 먼저 떠난 가족이든,
혹은 그냥 한때 곁에 있던 소중한 친구이든.

그들은 어느새
나의 일부가 되어,
슬픈 날엔 위로가 되어주고,
외로운 날엔 손을 잡아주며,
여전히 나를 살아가게 한다.

여운이란
슬픔의 끝이 아니라
사랑의 또 다른 이름인지도 모르겠다.

그래서 오늘도 나는,
조용히 눈을 감고
그 사람의 목소리, 그 웃음,
그 사랑을 다시 떠올린다.

기억은 사라져도

여운은 살아있기에,

그 따뜻함 하나로

나는 내일도 견뎌낼 수 있다.

2. 재이

여운 때문에

너의 목소리는 차가운데
나의 목소리는 슬픔에 여운이 남아

너는 나에게 못된 말만 하고 떠나가는데
너의 목소리가 가슴에 남아

난 그래서 아픈가 봐
너에 대한 여운 때문에

3. 재이

여운에게

여운아
왜 가시지 않고 남아있느냐
벌써 나를 잊고
나를 잊힌 존재로 만든 그에게
그 향기 목소리 온도 모든 걸
내 곁에 느끼게 하는 건가
이제 그만 가줘
여운아

2. 윤병현

좋았던 사람의 영향

떠나가면 다 가져가지
왜 놓고 갔을까

이젠 그를 볼 수 없다는 생각에
몸속에 담았던 눈방울을 흘려보낸다.

그는 내가 미련이라도
남길 원했던 걸까
그가 남겨놓았던 여운 때문에
그리움과 동시에 잊을 수 없어

잊지 않을게요.

3. 묵상회

여름 속 얼어붙은 심장

조용함은 소리가 아니다.
고막 안쪽에서 자라는, 무색의 물결.

감정은 지나갔다.
그러나 내 몸은
아직도 그것을 따라 걷는다.

심장은 얼어붙지 않는다.
단지, 움직임을 잃을 뿐이다.
내가 모르는 사이,
피는 가장 안쪽에서 천천히 응고된다.

혀 밑에는
말이 아니라 소금이 남는다.

의미 없는 대답들이,
혀끝을 맴돌다 사라진다.

귓바퀴는
어떤 이름도 붙지 않은 숨을
되감고 되감는다.

시간은 새벽 5시 30분.
온 세상이 다시 빛을 들이키고 있지만
나는 여전히,
그 그림자에 눌린 쪽에서 깨어 있다.

나는 다 끝났다고 믿었다.
그런데
내 안엔 아직,
작은 김처럼
사라지지 않는 온도가 있었다.

3. 윤서현

일부러 틀리는 것

'잊혀지지 않는 사랑'
명백한 수동태 맞춤법 오류입니다.
다만 저는 일부러 틀리곤 하는데,
피동표현에 피동을 곱하면
도로 능동이 되기 때문입니다.

잊히지 않는 사랑이 아니라
'잊지 않는 사랑'입니다.

맞춤법이 틀렸는데 왜 계속 쓰냐고
물으시거든. 제 대답은 하나입니다.
이 사랑은 다 끝났는데, 왜 계속
그리워하십니까?

2. 하다니엘

맞이하는 아침 햇살의 여운이란

아침 내리는 새벽 공기
아직 다 깨어나지 못한
도시의 숲으로

낯섦이 가득하지만
어딘가 익숙한
도시의 또 다른 하루를

열차가 들어오는 역의 틈으로
새어 나오듯 강렬히 비추는 태양은
아직 따뜻함을 품지 못해서 낯설고

정차한 열차의 앞으로 걸어가
올라탄 열차 안의 모습도

역시 아직은 따뜻함을 품지 못해 낯섦이다

아직은 새벽의 향기가
곳곳에 짙게 배어있다

어젯밤에 어깨 위로 쏟아진
별빛을 다 털어내지도 못했건만

강렬하기만 한 햇살을 헤치며
앞으로 나아가는 것도
여간 쉬운 일이 아니다

기나긴 하품으로
새벽 공기마저 삼켜버리면
조금은 익숙해졌을까

주머니 춤 어딘가에
아무렇게나 넣어두었던
핸드폰을 손에 쥐고서

너 나 할 것 없이
곧 오늘에서 다시 만날
친구들에게 인사하고

떨어져 있던 시간이 얼마나 된다고
말하고 싶은 이야기들은 며칠이어도 부족하다

잠시 눈 감은 지하철에서
새벽이 찾아왔다가

잠시 눈 감은 지하철에서
다시 햇살이 비쳐오면

조금은 낯섦이 사라졌을까
익숙해져야 하는 장소로 걷는 모습들이
새벽의 공기들을 잊게 하는 듯해서

걸어본다 아침의 빛을 따라서

이제는 어느 정도 제법
따스함을 품은 햇살이

낯섦에 익숙해졌던 모습도
따스하게 실어 날려 보내주는 듯해서

오늘이라는 날이 와서
오늘이라는 날이 좋다

언제나처럼 익숙하기 어려운
낯섦에 익숙해지는 과정이란

아침에 맞이하는 새벽공기와도 같아서
따스함이 다가오면 그 아침이 좋다
따스함이 다가오면 그 하루가 좋다

나만이 아닌 모두에게도 여운처럼 남아 그러하면 좋겠다

3. 하다니엘

수채화로 꽃 피우다

물방울 하나가
눈 깜빡할 새에 떨어져
번져만 갔다

주워 담지도 못하고
빠르게 퍼져만 가고

붙잡지도 못하는
색의 말로

어떻게든 표현하고자
너를 품은 채로 울었다

아직은 세상을 잘 몰라서
세상을 그려 넣었다

아직은 삶을 잘 몰라서
삶의 모습을 그려 넣었다

아직은 살아가는 법을 잘 몰라서
여러 사람이 살아가는 법을 그렸다

그런데도 아직은 모른다
그런데도 아직은 잘 모른다

특히나 너의 이야기 말이다

그려도 번져나갔다
그려도 흩어져 버렸다

그림도, 색도, 무엇도 전부다
표현도, 어느 것도, 하나하나까지

어쩌면 나는
너를 그리지 못해 울었다

아마 그리는 법은 알았을 텐데
너를 그리는 법은 몰라서

그게 그림이 되었든
그게 글이 되었든

번져나가서, 흩어져 버려서
나는 너를 그리지 못해 울었다

비슷한 모습의 누군가라면
그 마음을 알고서 달래줬을까

네가 아닌 너로 표현하지만
나 아닌 누군가로 닿게 되는

마음의 언어들에는
마음을 내어줄 수 없었다

그러니까 그려나갈 뿐이다
그러니까 적어 내려갈 뿐이다

그림도, 글도 무엇도
다 바래서 사라지지만

지금은 무엇보다 내 안의 네가
번졌으면 좋겠다, 퍼졌으면 좋겠다

너를 그리지 못해 울었던 시간만큼
글로써 아파했다

너를 그리지 못해 울었던 시간만큼
그림으로써 아파했다

적고 그리던 종이 위로
또 여러 색의 물방울이
퍼져나가는 것을 보면서 말이다

1. 김현아

가장 크게 반짝이는 별

언제부터인지는 모르겠다. 나는 노을이 좋았다. 넓디 넓은 하늘을 가득 덮던 붉은색이 점점 사라지다가 까맣게 변해 하늘을 덮고 그사이에 반짝이는 별들이 보이는 그 시간이 좋았다. 그래서 나는 노을이 되고 싶었나 보다.

나는 여운이 싫었다. 다시 오겠다고 약속했지만 언제 다시 오는지도 얘기해주지 않고 하염없이 기다리라는 뜻 같아서 싫었다. 그래서 노을이 지는 시간이 오면 커튼을 치고 창밖을 보지 않았다.

우리는 좋은 인연이었다. 다만 노을은 노을을 좋아하고 여운은 노을을 싫어할 뿐이었다. 우리는 오후만 되면 헤어지고 서로의 시간을 보냈다. 그리고 다시 밤이 되면 만났다. 조금은 번거로워도 서로를 보고 싶어 하고 좋아하기에 귀찮고 힘들지는 않았다. 하지만 그날 이후로 나는 여운을 싫어하지 못하게 되었다.

평소에도 노을이 되고 싶다는 말을 달고 살던 노을은 그날도 그렇게 말했다. 그런데 조금은 진지하게 말했다. 여느 때와 똑같이 그런 말을 하지 말라고 말하는 여운이었다. 여운도 똑같이 진지하게 말했다. 여운이 '또 여기서 말하고 그만하겠지'라고 생각했는데 어째서인지 그다음 날부터 노을이 보이지 않았다. 학교에도 오지 않았고 밤에 항상 만나던 공원에 가도 나오지 않았다. 그렇게 3일이 지났다.

나는 노을의 집에 갔다. 여운이라고 말하니 바로 문을 열어주셨고 노을의 행방에 대해 말해주셨다. 나는 충격에 쌓인 채 노을의 방문을 열고 책상 위에 놓여 있는 편지를 하나 보았다. 편지는 나에게 보내는 편지였다. 노을의 침대에 걸터앉고 나는 편지를 찬찬히 읽었다.

편지의 내용은 이랬다. 노을은 오랜 고민 끝에 진짜 노을이 되기로 했고 나는 여운을 싫어하지만, 나만큼은 기억해 줬으면 좋겠다고 적혀 있었다. 편지를 읽은 여운은 한참을 울었다. 그러다가 휴대전화를 꺼내 시간을 본 다음 공원으로 뛰어갔다.

공원에 도착한 여운은 노을과 여운이 자주 앉던 벤치에 앉아 태어나서 처음으로 밤이 될 때까지 노을을 지켜보았다. 별까지 다 본 여운은 마침내 노을을 받아들였다. 그리고 노을을 자신의 마음속에서 가장 반짝이는 별로 만들어서 죽을 때까지 간직했다.

이제는 매일 오후 공원에 가서 노을이 다 질 때까지 보는 여운이 되었다. 그리고 노을이 지고 오는 여운도 마음속에 별로 만들어서 가장 크게 반짝이는 별이 외롭지 않게 했다.

언제가 될지는 모르겠지만 우리 다시 보자. 우리만의 우주에서.

3. 이연화

모든 순간들이 여운처럼 남아

사랑이 떠난 자리에는
언제나 그리움이 먼저 찾아온다

밤하늘 어디쯤
반짝이고 있을까

나는 오늘도
너를 찾는다
반짝이는 별 중에서
네가 나를 보고 있을 것 같아서

가만히 눈을 감으면
너와 걷던 바닷가
웃음에 흔들리던 어깨

그 모든 순간들이 여운처럼 남아
가슴을 자꾸만 두드린다

손끝으로
밤하늘을 어루만지며 속삭여
잘 지내지?

별이 된 너는
아프지 않으려나
그러면 좋겠어
그래도
내 눈물에
조금은 미안해할까

괜찮아
네가 남기고 간
따뜻했던 추억들이
여전히
내 마음을
은은히 비춰주고 있으니까

사
랑
해
.

3. 이상현

찰나의 침묵

바람결에 흩어지며
사라지는 여운에 잠긴 채
잠시 동안 눈을 감고
멍하니 서 있었다

어쩌면 아주 짧았던
찰나의 순간이었을지 모른다
매일 벗어날 곳을
찾고 있었던 나에게 있어
그 시간은 마치
영원 같길 바랐던
끝나지 않는 침묵이었기에.

2. poet_la_vi_een_rose

사건의 후유증

그대와 함께 다닌 모든 장소가 아름다웠다
그대를 만나 함께 만들어 나간
한편의 콘서트의 감동이 지속될 줄 알았다
그대가 내뱉은 한마디 말의 여운이
슬픈 결말에 도달하니
사건의 후유증은 더욱 깊어져가네

3. 우주

이름 모를 애정의 주인

가벼운 이불로 대충 가린 상체는 흉통이 커졌다 작아지길 반복하면서 숨 쉬고 있음을 증명해 내는 듯했다. 비척거리며 약통을 뒤적거리다 주사를 놓고, 약을 먹고, 그렇게 하루를 열었다. 언제 닫힐지도 모르지만. 그러다 다시 누울까 이대로 일어날지 짧게 고민하다 결국 다시 누워 이불을 덮는다.
불현듯 떠오르는 어렴풋한 얼굴의 형상이 뚜렷하지 않지만 생각을 점점 가득 채워가는 크기에 생각을 부정하지 않고 수신인을 그려낸다.

수면제 없이도 머리만 닿으면 곯아떨어져 잠에 빠지던 때, 새벽이 두렵지도 않고 그저 연습실 문턱이 닳도록 드나들던 그 과거에. 소박하게 메시지로만 연락을 하던 친구가 있었다. 매일 아침 인사를 나누고, 일상을 전하며 잘 자라는 내일을 기다리게 만드는 마무리까지. 그런 시간들을 보내며 몰래 교실 커튼 뒤로 숨어 메시지를 보내며 킥킥거리기도 해 보고, 서로가 보는 하늘을 카메라에 담아 나누던 그 여름.

여름이 오면 매번 떠오르던 기억도 아닌데 이번 여름은 유독 그려내는 얼굴이 제법 있다. 아직 가시지 않고 남아 있는 여운이라도 있는 건지. 그들도 나를 떠올릴지 모르는데. 그런 그에게 오랜만의 안부를 전하고 싶다는 생각에 이불을 걷히고 일어나 책상 앞에 무작정 앉아 노트북을 열었다.

오랜만이야, 다가온 이 여름은 그때보다 더 빠르고 무덥게 찾아온 것 같아. 하늘을 보는 방법을 알려 준 당신이 있어서 그런지 종종 걸으면서 하늘을 유심히 봐. 그 하늘에서 당신이 떨어질 것도 아닌데, 당신이 그린 구름과도 닮은 것들을 보면 괜히 혼자 반갑기도 해. 그렇다고 인사를 하지는 않아. 그리고 이제는 커튼 뒤로 숨어서 메시지를 보내지도 않아. 시간이 흘러 당당히 누군가와 연락을 할 수 있는 사람이 됐거든. 긴말하고 싶어서 이러는 건 아니고, 이 말이 당신에게 닿는 순간이 온다면 이 말 정도는 할 수 있을 것 같아서.

내게 기다림의 설렘과 하늘을 볼 수 있는 방법을 알려 줘서 고마워. 덕분에 여전히 예쁜 구름을 보면 종종 카메라를 찾아. 당신의 일상에도 소소하게 이런 추억들이 자리 잡고 있었으면 좋겠어.

안녕.

1. 윤아정

네가 내게 남긴 것

네가 참 미웠다. 내게 항상 여운을 남기고서 결국엔 나를 떠나는 네가. 너와의 만남은 항상 행복하지만, 그게 끝나면 나는 감상에 젖는다. 너와 함께하는 시간은 결국, 나를 생각하게 만든다.

오늘은 너를 만났다. "요즘 어떻게 지내?"라는 간단한 질문에조차 깊이를 갖게 만드는 너. 나는 내 안으로 들어갔다. 단순히 무엇을 했는지에 그치지 않았다. 나의 생활은 평안했는지, 요즘 어떤 생각을 하고 지내는지, 나는 정말 살아내고 있는지. 스스로에게 묻고, 또 물었다.

그런 나의 대답. "잘 지내." 짧게도 답했지만, 너는 이 말의 의미를 짐작했으리라. 나의 말투와 톤, 그리고 우리의 분위기에서.

내게 삶을 알려준 너는, 요즘 어떻게 지내고 있냐고 묻고 싶었다. 하지만 너의 온도는 나와 다를 걸 알기에, 나의 물음은 입안에 머물렀다. 너는 그렇게 삶을 가르친다. 내가 생각할 수 있는 여지를 항상 남긴다. 그렇기에 신비롭고, 그렇기에 때로는 아파온다. 나는 나의 마음만큼, 네게 다가갈 수 없으니까.

네게 일상을 건네고 싶다. 너와 함께하고 싶다. 물리적으로 같이 있는 건 아닐지라도, 우리는 항상 함께다. 머리로는 알지만, 나의 마음은 그걸 모르나 보다. 서로의 일상을 묻고, 감정을 묻는 일. 이제는 나의 닿을 수 없는 소원으로 자리 잡았다.

너는 참 좋은 사람이다. 나를 계속해서 발전하게 해주는 너는. 하지만 네가 너무 밉다. 내가 아무리 말하고 외쳐도, 닿을 수 없는 네가. 하지만 너로 인해, 나도 너의 역할을 해보겠다, 꿈을 가졌다. 어떤 형태로든, 너와 같은 방식이든, 다른 방식이든.

그렇게 다짐하며, 책을 덮었다.

그리고 나는 펼친다.

네게 배운 세상을, 삶을.

행복을.

2. 닌자토깽이

미소가 머문 자리

오전에 버스를 타는데 쌩 달려와 그냥 지나치는 줄 알았던 기사 아저씨가 차를 세우고 문을 열더니 활짝 웃는 얼굴로 미안하다며 사과했다. 아저씨의 환한 미소와 쾌활한 말투를 보니 괜스레 나도 웃음이나 버스를 탈 거면 미리 손을 흔들었어야 했는데 죄송하다며 같이 사과를 했다.

아저씨는 지치지도 않는지 손님들이 내릴 때마다 안녕히 가시라며 인사를 했다. 특별할 것 없는 오전의 버스 안이, 매일 같은 시간의 같은 공간이 그날따라 특별하게 느껴졌다. 기사 아저씨가 남긴 명랑한 기운이 잔잔한 파동이 되어 가슴 가운데 여운으로 남았다. 그 잔잔한 여운이 내게는 또 그날 하루를 버티게 하는 힘이고 원동력이었다.

1. 달미꽃

당신이 남은 왼손

와락
나는 내 왼손을 잡았다

당신이 잡았던 그 손에
아직 당신이 남아 있어서

나는 다시 생긋 웃고
어깨를 떨며
볼을 붉힌다

2. 김미영

여운

다 하지 못한 말은
그 자리에 머물고
다 가지 못한 말은
그 자리에 서 있다.

전하지 못한 마음
지나가지 못하고
전할 수 없는 마음
애태워서 못 간다.

저물어간 내 마음에 날 밝아 오면
비춘 마음 사라질까 구름 띄우고

물들어간 내 가슴에 석양 비추면
붉게 내민 하늘 아래 여운 남긴다.

짙어지면 질수록 그리운 마음
가까이 온 어둠으로 차오르고
파동 치는 노을빛이 바다가 되어
못 띄운 내 마음에 긴 돛을 편다.

갈 수 있겠지.
가면 되겠지.

가시지 못한 마음 동이 틀 때쯤
귓가로 들려오는 메아리 된다.

3. 김미영

여운을 담다

알맞게 짠 소금으로 간을 하면

맛이 더해지지만

과해지면 짠맛이 강해

맛없는 음식이 돼버리게 돼

말이라는 것도 그래.

확실한 것도 좋지만

하고 싶은 대로 다 말한다면

후회하는 말이 늘어날 수 있는 거잖아

위로해 주고 싶어 많은 말을 했다가

되려 조언 같은 말로 바뀌기도 하고

시간이 지나면서 알게 되는 일들도 있는 거야.

그땐 틀리고 지금은 맞는 이야기들처럼.

눈을 감아도 노을이 한동안 눈앞에

아른거리는 여운이 남는 것처럼

말이나 행동에도 잠시 멈추고
생각하게 할 수 있는 시간을 주면 좋겠어.
어떤 말이든 쉽게 삼키려 하지 말고
어려울수록 쉽게 던지지도 말
오고 가며 산책 같은 쉼 있는 말로
건네주는 미소가 휴식 되면 참 좋겠거든.
애써 무언가를 하지 않아도
눈빛만으로도 서로가 어떤 마음일지
알 수 있는 감동들은
남겨진 여운에서 찾아오는 일들이
많은 것만 같거든

1. 권하린

지우개

지워도
어쩔 수 없이
흔적은 남더라

그래도 너는
조금은 가벼워졌기를

그리고 나는
너의 상처를 모두
지워줄 수 있기를.

3. 전갈마녀[조해원]

간직하다

이름을 부르며 달려왔다
사슴처럼 우아했다

햇살 가득 얼굴에 품고
참새처럼 재잘거렸다
함박 웃음이 머문 입가가 즐겁다

한 발짝 더 다가온다
마주 보는 거리가 좁혀진다
새까맣고 동그란 네 눈동자가 기뻤다

처음 마주하는 이런 네 모습
순수하다, 마냥 좋다

뒤돌아 가는 아쉬움

발걸음 소리가 사라질 때까지

이 순간을 조용히 간직하는 내가 있다.

1. 박미나

익숙함에

민들레 소나무 코스모스 데이지 일상에서 흔히 볼 수 있는 꽃들 너무 익숙해서 아름다움을 모르고 지냈지 하지만 인위적이지 않은 장미와 델피늄 같이 흔치 않은 꽃들이 더욱 아름다워 보이는 이유는 화려함이 아니라 그 옆에 피어난 들꽃들이 비추어 한 순간의 환상이 아닌 은은한 여운을 남겨주기 때문이 아닐까

2. MOLee

초승달과 샛별

이른 아침
아주 예쁜 초승달이 걸려 있다.
빛나는 샛별도 반짝이고 있어.
초승달만 있으면 심심할까봐
샛별 하나 더 그려 놓았을까?
창틀을 통해 바라보는 그림 한 장 같은 하늘
사계절 바라보는 하늘이
내 마음을 기쁘게 하는 일상
네가 좋아!
자연이 좋아!
아름다움을 느낄 수 있는
나 자신을 사랑해!

2. 조현민

끝나지 않은 끝

어떤 장면은 끝났는데 마음은 아직 거기 머물러 있다. 말은 멈췄지만 의미는 계속 이어지고 사람은 떠났지만 그 온기는 가슴속에 남는다. 우리는 그것을 여운이라고 부른다.

어느 늦은 밤 함께 걷던 골목을 혼자 지나칠 때 문득 울리는 노래 한 소절에 마음이 덜컥 내려앉을 때 보내지 못한 메시지를 수없이 썼다 지울 때

그럴 때마다 지나간 순간들이 다시 살아난다.

여운은 강렬하지 않다.

오히려 조용하고 은근해서 더 오래 남는다.

직접 말로 하지 않아도 눈빛 하나, 손끝의 떨림 하나로 마음을 전할 수 있었던 그 순간들처럼.

가끔은 여운이 아프다.

붙잡고 싶은 것을 놓아야 했던 날들

떠나보낸 것들이 다시 돌아오지 않을 것을 알면서도 괜히 그 자리를 오래도록 지키게 만드는 감정이니까.

하지만 여운은 그래서 아름답다.

무언가를 진심으로 사랑했고 소중히 여겼다는 증거니까

시간이 지난 후에도 그 순간을 기억하게 해주는 조용하고 따뜻한 마음의 여백 같은 것.

나는 여운이 있는 사람이 되고 싶다.

내가 건넨 말 한마디 함께한 시간 한 조각이 누군가의 마음속에 오래 남아,

어느 날 문득 떠올렸을 때

잔잔하게 웃게 만드는 그런 여운 말이다.

1. 비온담

잔향

캄캄한 어둠이 드리운 삶에서 우연처럼 만난

어쩌면 나의 일부가 되어줄 거라 믿은

너라는 사람은

서서히 어둠을 밝혀 마주한

화창한 바닷속 부서진 파도는

나라는 사람은

어느덧 서로의 삶의 존재 이유가 되어줬다는 걸

이미 눈치챘을지도 몰라

그래서 더 부정하고 싶었던 걸지도 몰라

도망치고 싶었던

마주하고 싶지 않았던

하루의 마지막 순간에
너를 잊어버렸어

아직 너의 흔적이 고스란히 남았는데
씁쓸하고도 다정했던 향이 코끝을 스치는데
형태가 보이지 않아

희미해져 가는 미소가
흐릿해지는 맑은 날의 목소리가
더 이상 상상조차 못 하게끔 날 막아

그럼에도 잔잔히 흐르는 향기가
선명하지 못한 널 그려내

2. 비온담

호흡

숨을 마시고 내쉬는 그 사이
짧디짧은 그 사이, 단번에 널 알아봤다

한순간의 꿈처럼 사라지지도
어느 여름의 망각처럼 미화되지도 않고
오랜 시간 곁을 채워줄 거란 믿음이 있었다

믿음이 부서지는 순간이 오히려 꿈으로 다가올 만큼
널 믿지 않은 순간이 없었다

매 순간순간이 사진처럼 선명했고
하루하루가 지나가는 게 아쉽게 느껴질 정도로
모든 날이 소중했다

그러나

예상치 못한 일은 언제 어디서 일어나도 이상하지 않
다는 걸
진작 느끼지 못했다

푸르른 여름이 떠나간 자리에
붉게 물든 가을 하늘이 들어왔는데
너는 여름과 함께 이미 떠난 후였단 걸
나는 알지 못했다

찰랑이는 바다에 몸을 맡겨
윤슬이 가득해진 붉은 파도에
천천히
너는 떠밀려 갔다

그제야
네게 전하고픈 말을 한다

네가 숨을 쉬는 동안
단 한 번도
널 사랑하지 않은 적은 없었어

2. 안세진

삶의 여운

커피잔에 남은 마지막 한 모금처럼

삶에도 여운이 있다

스쳐 지나간 사람들의 얼굴

한때 머물렀던 골목길의 향기

잊혀진 줄 알았던 노래 한 구절이

문득 가슴을 두드릴 때

그것들은 모두

내 안에 남아

은은하게 울려 퍼진다

첫사랑의 떨림도

이별의 아픔도

시간이 지나면

날카로운 모서리가 닳아

부드러운 기억이 된다

어머니의 손길

아버지의 등 뒤
친구와 나눈 깊은 밤의 대화들
그 모든 순간들이
지금의 나를 만들었다
때로는 그리움으로
때로는 미소로
가끔은 눈물로
삶의 여운들이 찾아온다
그래서 나는 알고 있다
지금 이 순간도
언젠가는 여운이 될 것을
누군가의 마음에
작은 파장을 일으킬 것을
살아있다는 것은
여운을 남기는 일이고
여운을 간직하는 일이다
오늘도 나는
새로운 여운을 만들어간다
내일의 나에게
선물할 기억들을

3. 안세진

해 질 녘 노을과 중년의 회한

오늘도 나는 창가에 서서 노을을 바라본다. 붉은빛이 하늘을 물들이며 천천히 어둠 속으로 사라져가는 모습을 보고 있으면, 문득 내 인생의 어느 지점에 서 있는지를 깨닫게 된다. 중년이라는 시기, 그것은 마치 하루의 해 질 녘과 닮아있다. 아침의 찬란함은 지나갔지만 아직 밤의 적막함은 오지 않은, 그 미묘한 경계선 위에 서 있는 것이다.

사십 대 중반을 넘어서면서부터 나는 자주 뒤를 돌아보게 되었다. 젊은 시절에는 앞만 보고 달려왔는데, 이제는 지나온 길이 더 선명하게 보인다. 그 길 위에는 수많은 선택의 순간들이 점점이 박혀있다. 그때그때는 최선이라고 생각했던 선택들이지만, 지금 돌아보면 '만약에'라는 가정법이 끝없이 붙는다. 만약에 그때 다른 길을 선택했다면, 만약에 조금 더 용기를

냈다면, 만약에 좀 더 신중했다면... 이런 생각들이 해질 녘 노을처럼 마음을 붉게 물들인다.

노을의 아름다움에는 항상 애잔함이 따라온다. 그 찬란한 색채가 곧 사라질 것임을 알기 때문이다. 중년의 회한도 이와 같다. 지나간 시간들이 아름답게 느껴지는 것은, 그것들이 다시 돌아오지 않을 것임을 알기 때문이다. 스무 살의 나는 세상을 다 가질 수 있을 것만 같았다. 서른 살의 나는 여전히 무한한 가능성을 믿었다. 하지만 마흔을 넘어서면서 깨달은 것은, 인생에는 한계가 있다는 것이다. 시간도, 기회도, 선택할 수 있는 길도 유한하다는 것을.

그렇다고 해서 중년의 회한이 단순한 후회는 아니다. 그것은 더 복잡하고 미묘한 감정이다. 마치 노을이 단순히 해가 지는 현상이 아니라, 하루 전체를 아우르는 하나의 완성된 이야기인 것처럼 말이다. 내가 지금 느끼는 이 감정 역시 지나온 모든 순간들이 쌓여서 만들어진 하나의 작품과 같다. 실수도 있었고, 아픔도 있었고, 기쁨도 있었고, 사랑도 있었다. 그 모든 것들이 지금의 나를 만들었다.

젊었을 때는 완벽한 삶을 살고 싶었다. 실패하지 않

고, 후회하지 않고, 모든 것을 이루고 싶었다. 하지만 중년에 이르러 깨달은 것은, 완벽한 삶이란 존재하지 않는다는 것이다. 아니, 오히려 불완전함 속에서 삶의 진짜 아름다움을 발견할 수 있다는 것이다. 노을이 아름다운 이유도 그 완벽하지 않은 색채의 조화 때문 아닐까. 붉은색도 있고, 주황색도 있고, 보라색도 있고, 때로는 회색 구름이 그 사이를 가로지르기도 한다.
요즘 나는 자주 생각한다. 내가 젊은 시절에 품었던 꿈들에 대해서. 그때는 세상을 바꿀 수 있다고 믿었다. 적어도 내 삶만큼은 완전히 통제할 수 있다고 생각했다. 하지만 살아보니 삶은 내 의지대로만 흘러가지 않는다. 예상치 못한 일들이 일어나고, 계획은 자주 어긋나고, 때로는 전혀 다른 방향으로 흘러가기도 한다. 처음에는 이런 것들이 실패라고 생각했는데, 이제는 그것들도 삶의 일부라는 걸 안다.
중년의 회한은 결국 수용의 과정인 것 같다. 내가 이루지 못한 것들에 대한 아쉬움을 인정하되, 그것에 매몰되지 않는 것. 지나간 시간을 그리워하되, 앞으로 남은 시간에 대한 희망을 잃지 않는 것. 이것이 바로 노을의 지혜가 아닐까. 노을은 하루의 끝을 알리지만,

동시에 내일의 시작을 약속하기도 한다.

창밖의 노을이 점점 짙어진다. 오늘도 하루가 간다. 그리고 내 인생도 하루씩 앞으로 나아간다. 젊었을 때의 나라면 시간이 흘러가는 것을 아까워했을 텐데, 지금은 그 흐름 자체가 아름답다고 생각한다. 강물이 바다로 흘러가듯, 우리의 삶도 어딘가를 향해 흘러간다. 그 목적지가 어디인지는 모르지만, 그 여정 자체가 의미 있다는 것을 이제는 안다.

중년이라는 시기를 살아가면서 나는 많은 것을 잃었다. 젊음도, 무한한 가능성에 대한 환상도, 세상을 향한 단순한 분노도. 하지만 그 대신 얻은 것들도 있다. 깊이 있는 사랑, 진정한 우정, 삶에 대한 이해, 그리고 지금 이 순간의 소중함을 아는 마음. 이런 것들은 젊었을 때는 가질 수 없었던 것들이다.

해가 완전히 지고 어둠이 내린다. 하지만 나는 안다. 내일 아침이면 다시 해가 뜰 것이라는 것을. 그리고 그 새로운 하루에도 나는 최선을 다해 살아갈 것이라는 것을. 중년의 회한은 끝이 아니라 새로운 시작이다. 마치 노을 이후에 오는 별빛 가득한 밤하늘처럼, 인생의 후반부에도 또 다른 아름다움이 기다리고 있을 것이다.

나는 창을 닫고 방으로 돌아온다. 오늘 하루도 감사했다. 내일은 또 어떤 이야기가 펼쳐질까. 중년의 삶은 계속된다.

2. 신윤호

종소리

텅 빈 골목,
저 멀리서 들려온 한 번의 울림.
누군가의 안녕,
혹은 아직 끝나지 않은 이야기.

귓가에 맴도는 그 소리,
잊었다고 생각했는데
마음 어딘가에서
자꾸만 울려.

그때의 말,
그때의 눈빛,
다 사라진 줄 알았는데
소리처럼 남아 흔들려.

종은 멈췄지만
여운은 계속된다.
마치 너처럼.
보이지 않아도,
지금도 내 안에서 울리는.

3. 하형정

소등섬에서 가져온 여운

깎인 바위 위로
조심조심 발끝을 맞추고
손엔 바람, 눈엔 파도를 실어
바다처럼 깊게 웃었다.

찰칵거리는 소리안에
귀한 순간을 담아 가두며
어느 날의 중심을 꿰뚫었다.

나는 몰랐다
그 섬의 고요가
다녀간 뒤에도 나를 따라올 줄은

육신은 다시 바쁘게 굴러가고
시간은 평소처럼 나를 밀었지만
바다, 섬, 발자국이
틈만 나면 마음에 밀려왔다.

행복은
크게 웃던 그 찰나에 있었고
여운은
돌아선 발끝에 남았다

1. 김감귤

남아있습니다

여기 가득 아직도 남았답니다.
찌꺼기라고 여길지 몰라도 말입니다.

여과기에 한참 동안이나
 걸렀는데도 말이지요.

또! 또! 또!
여기 가득 남아있단 말이지요!

'조각조각 잘라내고
찢은 후 없애버렸는데
그럴 리 있겠냐고요?'라고 말한들
남아있는 걸 어쩐답니다.

남아있다면 그 이유가 있을 테지요.
남아있다면 그 까닭이 있을 테지요.

그냥, 솔직해집시다.
내 마음의 여운에서는.

2. 김감귤

여운의 흔적

열대야의 열기 속에는
한낮의, 온도가 담겨있다.

공공장소의 의자 속에는
한 사람, 체온이 녹아있다.

공연들이 끝난 무대에
그 열광, 열기가 남아있다.

이렇게 생각해 본다면,
시작의 시간이
 끝의 시간을
붙잡고 싶어 하는가 보다.

여기 이 시간 부분들도
시작에서 끝으로 옮겨지며
여운으로 되겠지.

그 시간과 기억과 장소까지도
점점 흐릿하게 되겠지.

하지만, 때로는 또렷하게.

3. 최이서

지독한 여운

해 뜨기 직전 새벽처럼
움트며 사라지지 않는 아픔은
잊으려 애쓴 시간도
그리움에 지친 시간도

잊히길 원했던 간절한 마음 뒤로하고
또다시, 조용히 몸을 일으킨다

사랑을 잘 몰라서
너를 잘 몰라서
솔직하지 못했고 서툴렀던 시간은

어느 만큼 어디만큼
다가가고 물러서야 할 줄 몰랐던 사랑은

내 마음 조용한 구석 자리에 초연히 앉아

의미 없는 기대들이 괴롭혀 오고
무뎌지지 않는 이별에

마음이 예고 없이 떠올리는 너를
내 안에 여전히 남아 사라지지 않는 그때를

아직도 사랑인 나는
지독한 여운에

아픈 심장은
조금은 지겹게 고단한 시간을 마주한다

1. 문순천
어느 여름, 그리다 책방이 남긴 깊은 여운

올여름, 유난히 습하고 무더웠던 날들의 연속이었다. 에어컨 바람에 지쳐갈 무렵, 나는 문득 새로운 공간에 대한 갈증을 느꼈다. 늘 가던 카페나 익숙한 서점 대신, 어딘가 특별한 곳을 찾아 헤매던 중이었다. 그러다 우연히 SNS에서 '그리다 책방'이라는 이름을 발견했다. 이름부터가 심상치 않았다. '그리다 책방'이라니, 책을 그리는 곳일까, 아니면 그림이 있는 책방일까. 궁금증이 솟아올라 나는 곧장 그리다 책방으로 향했다.

책방은 생각보다 찾기 쉬운 곳에 있었다. 도심 큰 도로 오래된 상가에 자리한 작은 책방, 낡은 건물들 사이에 피어난 꽃과 같은 공간이었다. 책방 문을 열고 들어서자마자 오래된 낡은 건물의 회색 톤과는 전혀 다른, 밝고 아늑한 기운이 나를 감쌌다.

'그리다 책방'은 이름처럼 그림으로 가득했다. 벽면에는 다양한 크기의 그림들이 걸려 있었는데, 하나같이 서정적이고 몽환적인 분위기를 자아냈다. 캔버스 위에는 파스텔 톤의 색채로 그려진 풍경화들이 주를 이루었다. 안개 낀 숲속의 오솔길, 잔잔한 호수에 비친 노을, 혹은 이름 모를 들꽃들이 흐드러지게 피어난 들판 같은 그림들이었다.

그림들은 마치 꿈속의 한 장면을 옮겨 놓은 듯, 보는 이의 마음을 편안하게 하면서도 어딘가 아련한 그리움을 불러일으켰다. 나는 자연스럽게 그림들 사이를 거닐며 한참을 서성였다. 특히 나의 시선을 사로잡은 것은 책방 한편에 놓인 작은 이젤 위에 놓인 미완성 그림이었다. 붓질의 흔적이 생생하게 남아있는 그 그림은 곧 완성될 새로운 세상의 조각처럼 느껴졌다.

그림에 홀려 한참을 넋 놓고 바라보고 있는데, 책방 안쪽에서 한 여인이 걸어 나왔다. 단정하게 묶은 머리, 넉넉한 품의 리넨 원피스, 그리고 온화한 미소를 머금은 얼굴. 그녀가 바로 그리다 책방 대표인 책방지기라는 것을 직감할 수 있었다. 그녀는 손님들에게 방해가 되지 않도록 조용히 계산대 뒤에 앉아 책을 읽기 시작했다. 그녀의 모습은 그림과 책, 이 공간의 모든 것과 완벽하게 어우러져 한 폭의 그림 같았다.

나는 책들을 둘러보기 시작했다. 그리다 책방의 책들은 여느 대형 서점과는 달랐다. 책방지기의 취향이 묻어나는 듯한 독특한 분류 방식이 눈에 띄었다. '마음을 어루만지는 이야기', '생각의 숲을 거닐다', '새로운 시선을 위한 안내서' 등 시적인 제목의 코너들이었다.

책들 사이사이에는 작은 손 글씨 메모가 붙어 있었는데, 대표가 직접 쓴 듯한 짧은 감상이나 추천의 글이었다. 그 글들은 책을 고르는 재미를 더해주었고, 마치 책방지기와 조용히 대화를 나누는 듯한 기분을 느끼게 했다.

몇 권의 책을 고른 후 계산대로 향했다. 책장 지기는 내가 고른 책들을 보며 부드럽게 미소 지었다. "좋은 책들을 고르셨네요. 특히 이 책은 제가 요즘 가장 좋아하는 책이에요." 그녀의 목소리는 그림만큼이나 서정적이고 차분했다. 나는 용기를 내어 말을 건넸다. "혹시 이 그림들도 대표님이 그리신 건가요?" 그녀는 환하게 웃으며 고개를 끄덕였다. "네, 맞아요. 제가 그린 그림들이에요. 책방 이름도 그래서 '그리다 책방'이라고 지었답니다." 나는 그녀의 그림들이 너무 좋았다고 솔직하게 이야기했다. 그녀는 겸손하게 감사 인사를 전하며, 그림을 통해 얻는 영감이 책에서 비롯된 경우가 많다고 덧붙였다.

짧은 대화였지만, 나는 그녀에게서 뿜어져 나오는 특별한 에너지를 느낄 수 있었다. 계산을 마치고 책방을 나서려는데, 계산대 옆에 놓인 작은 안내문이 눈에 들어왔다. '문화 예술 강좌: 책을 그리다', '미술 감상의 첫걸음', '그리다 책방 대표의 에세이 연재 소식'… 나는 깜짝 놀랐다. 그림을 그리는 화가이자 서점 대표일 뿐만 아니라, 문화 예술 강의를 하고 글까지 쓰는 사람이었다니! 그녀의 스토리는 내가 상상했던 것 이상으로 다채롭고 흥미로웠다.

책방을 나와 다시 뜨거운 여름 햇살 아래로 걸어 나오면서도, 내 머릿속은 온통 그리다 책방 대표의 이야기로 가득했다. 그녀의 서정적이고 몽환적인 그림들은 여전히 내 시선에 머무는 듯했고, 그림을 그리고 글도 쓰고 강의도 하는 그녀의 삶은 경이로움 그 자체였다. 그녀는 마치 자신이 하고 싶은 일들을 망설임 없이, 그리고 열정적으로 해나가고 있는 사람처럼 보였다. 한 가지 일도 제대로 해내기 힘든 세상에서, 그녀는 어떻게 그 많은 일을 동시에 해나가고 있을까? 그 모든 활동을 가능하게 하는 힘은 대체 어디서 나오는 것일까?

그녀의 서점은 책만 파는 공간이 아니었다. 그림이 있고, 사람들의 모임이 있고, 대표의 취향과 영감이 가득 담긴 하나의 작은 문화 공간이었다. 그곳에서 나는 책과 그림을 만나고, 이를 통해 한 사람의 삶과 열정을 엿볼 수 있었다. 그녀의 삶은 마치 그녀의 그림처럼, 잔잔하면서도 깊은 울림을 주었다.

집으로 돌아오는 길 내내, 나는 그녀의 이야기가 남긴 깊은 여운에 잠겼다. 그것은 단순한 호기심을 넘어선, 어떤 존경심과 함께 나 자신을 돌아보게 하는 질문들이었다. 나는 무엇을 하고 싶은가? 나는 어떤 여운을 남기고 싶은가? 그녀처럼 자신의 열정을 따라 살아가는 삶은 어떤 모습일까?

며칠 후, 나는 다시 그리다 책방을 찾았다. 이번에는 그냥 책을 사러 가는 것이 아니라, 그녀의 이야기를 더 깊이 알고 싶다는 마음 때문이었다. 책방 문을 열고 들어서자, 여전히 같은 향기와 음악이 나를 반겼다. 사장은 계산대 뒤에서 그림을 그리고 있었다. 이젤 위에 놓인 미완성 그림은 어느새 아름다운 풍경화로 완성되어 있었다. 나는 그녀에게 다가가 조심스럽게 물었다. "대표님, 혹시… 그림을 그리시고, 책방을 운영하시고, 또 강의도 하시고 글도 쓰시는 그 모든 일을 어떻게 다 해내시는 거예요? 지치지 않으세요?"

그녀는 붓을 내려놓고 나를 바라보았다. 그녀의 눈빛은 깊고 따뜻했다. "음… 지치지 않는다고 하면 거짓말이겠죠. 하지만 제가 하는 모든 일은 결국 하나로 연결되어 있어요." 그녀는 잠시 생각에 잠기더니 말을 이었다. "저는 책에서 영감을 얻어 그림을 그리고, 그 그림을 통해 얻은 감정들을 글로 표현해요. 그리고 그 과정에서 제가 느낀 것들을 사람들과 나누고 싶어서 강의를 시작했죠. 책방은 이 모든 것을 담아낼 수 있는 저의 작은 우주 같은 곳이에요. 책과 그림, 글과 이야기가 서로 만나고, 또 사람들과 소통하는 공간이요."

그녀의 말은 내게 큰 울림을 주었다. 그녀의 삶은 각각의 활동이 독립된 것이 아니라, 서로 유기적으로 연결되어 시너지를 내고 있었다. 책이 그림의 씨앗이 되고, 그림이 글의 영감이 되며, 그 모든 것이 다시 사람들과의 소통으로 이어지는 순환의 고리였다. 그녀는 자신의 열정을 흩뿌리는 것이 아니라, 한데 모아 더 큰 에너지를 만들어내고 있었다.

"가장 중요한 건, 제가 이 모든 과정을 진심으로 즐긴다는 거예요. 책을 읽을 때도, 붓을 잡을 때도, 강단에 설 때도, 그리고 이렇게 손님들과 이야기를 나눌 때도요. 제가 좋아하는 일을 하고 있다는 사실 자체가 저에게 가장 큰 힘이 되어줘요."

그녀의 얼굴에는 진정한 행복이 깃들어 있었다. 나는 그녀의 말에서 그녀의 에너지가 어디서 오는지 어렴풋이 짐작할 수 있었다. 그것은 외부의 강요나 의무감에서 오는 것이 아니라, 내면에서 솟아나는 순수한 즐거움과 사랑에서 비롯된 것이었다. 자신이 좋아하는 일을 발견하고, 그것을 삶의 중심에 두는 것. 그것이 그녀가 그 많은 일을 해 나가는 원동력이었다.

그날 이후, 그리다 책방은 내게 그저 서점 이상의 의미가 되었다. 그곳은 나에게 영감을 주는 공간이자, 삶의 방향을 다시금 생각하게 하는 곳이었다. 나는 그녀의 그림처럼 깊은 영감을 주는 꿈을 꾸기 시작했다. 내가 진정으로 좋아하는 것은 무엇인지, 어떻게 하면 나만의 '그리다책방'을 만들 수 있을지 고민하게 되었다.

여름의 끝자락, 나는 그리다 책방에서 한 권의 시집을 들고나왔다. 시집의 마지막 장을 덮었을 때처럼, 내 마음속에는 그리다 책방과 그 대표가 남긴 깊고 아름다운 여운이 길게 이어졌다. 그 여운은 나를 움직이게 하는 작은 불씨가 되어, 나의 여름을, 그리고 앞으로의 삶을 조금 더 특별하게 만들고 있었다. 그리다 책방의 여운은 그렇게 내 삶의 한 페이지를 채워나가고 있었다.

2. 윤슬인

끝난 다음에야 시작되는

세상은 빨리 가라고
등을 떠민다.
뒤처지면 잊힌다고,
멈추면 지는 거라고.

하지만 나는 안다.
잊지 못한 것들은
늘 천천히 다가왔다는걸.

어떤 목소리는
음악이 끝난 뒤에야 들렸고,
어떤 문장은
침묵 속에서야 나를 울렸다.

사라진 줄 알았던 말투,
지나간 얼굴,
그날의 온도 같은 것들이
어느 날 불쑥
내 마음을 붙잡는다.

그때 깨달았다.
여운은
흔적이 아니라,
나를 이끄는
정직한 방향이라는 것을.

하지만
나는 아직도 내 길이 두렵다.
여운을 따라 걷다 보면
이 두려움도
조금은 희미해질까.

1. lilylove

흐린 하늘과 마음

눈물 한 방울이 뺨을 타고 흐른 뒤,
마음 한편에 조용히 남는 그 여운.
흐린 하늘을 바라보다
어디선가 들려오는 멜로디 한 줄에
문득 오래전 기억이 떠오른다.

쓴 커피 한 모금에
고단한 하루가 조금은 덜어지고,
다크초콜릿 같은 인생의 맛도
그 씁쓸함 뒤에 감도는 향이 있다.

지나온 시간은 달콤하지 않았지만
그 쓴맛 덕분에 내 안의 여운을 안다.
마냥 아프지만은 않은 슬픔

마냥 어둡지만은 않은 흐림

그리고 오늘도,
구름 뒤에 숨은 햇살처럼
슬픔은 여운이 되어
내 마음 구석구석을
조용히 감싸안는다.

2. 주변인

여운으로 피어올라

사랑의 여운으로 피어올라
결국에는 또 다른 사랑을 선택하게 되고

미련의 여운으로 피어올라
결국에는 용기 있는 선택을 하게 되고

기억의 여운으로 피어올라
또 다른 기억의 영향을 선택한다.

여운으로 피어올라 우리는
또 다른 계기를 선택하게 될지도 모른다.

3. 주변인

여운도 이렇게

여운도 이렇게 흐려져 가고
여운도 이렇게 아무렇지도 않게 되어버린다.

여운도 이렇게 아프게 더 아파지고
여운도 이렇게 상처를 깊게 만든다.

여운도 이렇게 삶의 의지를 만들어주고
여운도 이렇게 또 다른 내일을 선물한다.

여운도 이렇게, 우리 곁에 있었다.

1. 임영균

너의 하늘

밤, 별, 바람
당신을 안는다

응석 부리던 유년을 지웠다가
다시 쓰고
여러 겹의 밤을 겹쳐
다시 당신을 떠올린다

천만년 만에
다시 나타난다면

나는 올해의 눈물을
천만년 뒤로 미룰 거야

여전히 그대 잔상
남아 있는 것 같다
상상보단 여운 같지만
잡을 수 없음에
무엇이 중요할까

하늘을 무채색으로 남겨 놓고
기다리고 있을게
뜨겁게 맞잡은 두 얼굴을 대고
세상을 우리의 온기로 채우도록

2. 문병열

그런 사람

나는 너에게 여운이 남는
그런 사람이고 싶다

그저 순간의 빛남으로
끝이나는 사람이 아닌

자꾸만 생각나서
오랫동안 함께이고 싶은 그런 사람

1. 사랑의 빛

사랑이 남는다

땀내 쩔은 가슴
흙먼지 묻은 두 손
풀 가지 붙은 두 발
당신이 부끄러웠다

절뚝거리는 짧은 다리
낡은 오토바이를 잡은 굽은 손
지그시 불편하게 찌그러진 한쪽 눈
움푹 들어간 이마가 훤히 드러난 얼굴
당신이 부끄러웠다

푸른 하늘 그 먼 곳 어딘가 살고 계신 당신이 보실까
당신이 부끄러워 등 뒤에 처박던 얼굴로
멍하니 하늘을 바라본다

잃어버린 다섯 해의 사랑을 아쉬워하며
우리 아가, 다정하게 불러주던 당신의 마음

안아주지 못한 놓친 날들의 성장을 미안해하며
숨죽여 말없이 훔치던 당신의 눈물

흘러 젖은 땀이 묻을까 조심스러워
살며시 어깨만 닿게 내준 당신의 품

눈부신 봄
무더운 여름
따가운 가을
시린 겨울

어느 계절에도 나의 손과 발이 되어
온전치 못한 몸에도 즐거이 아빠의 삶을 살아주셨던
당신의 마흔 해 인생

내가 당신의 청춘이었고
내가 당신에게 가장 젊은 날이었다

하늘 집으로 이사 간 지 스무 해가 지났다

당신이 나의 청춘이 되었고
당신이 내게 가장 젊은 날이 되었다

남겨진 나의 날에
당신의 사랑이 남았다

2. 사랑의 빛

나의 여운

나는
누군가에게
새벽의 맑은 이슬입니다

쓰러진 너를 깨우고
새로운 너를 일으킵니다

나는
누군가에게
아침의 노을입니다

당연한 아침을 바꾸고
여전한 아침을 맞이합니다

살아있다는 건
나의 여운을 남길 기회를 얻는다는 것

오늘을 살고 있다는 건
나의 여운을 남기고 있다는 것

나는
누군가에게
오늘이자
내일입니다

오늘을 살게 하고
내일을 꿈꾸게 합니다

나는
누군가에게
호흡이자
삶의 이유입니다

내가 살아나고
우리를 살게 합니다

나의 존재는
오랜 여운을 남깁니다

포레스트 웨일 공동 작가

노을은 여운이 된다

초판1쇄 인쇄 2025년 08월 11일
초판1쇄 발행 2025년 08월 11일

지은이	이겸 | 명랑소녀 | 꿈꾸는 쟁이 | 김혜지 | 아루 | 김예빈 | 백현기
	이혜성 | 강대진 | 최나연 | 류광현 | 재이 | 윤병현 | 묵상회 | 윤서현
	임은혜 | 고태호 | 하다니엘 | 이연화 | 이상현 | poet_la_vi_een_rose
	루시아(혜린) | 우주 | 고유정 | 임만옥 | 닌자토깽이 | 김미영 | 여휘운
	전갈마녀[조해원] | MOLee | 문미영 | 조현민 | 윤슬인 | 영지현
	Bluebird JE | 안세진 | 류가민 | 신윤호 | 하형정 | 최이서 | 신은서
	동네과학쌤 | 주변인 | 문병열 | 김태은 | 김채림(수풀) | 이기선
	김현아 | 윤아정 | 달미꽃 | 권하린 | 박미나 | 비온담 | 김감귤
	문순천 | lilylove | 임영균 | 사랑의 빛

표지 그림 다망 @art.damang
디자인 포레스트 웨일
펴낸이 포레스트 웨일
펴낸곳 포레스트 웨일
출판등록 제2021-000014 호
주소 충청남도 아산시 탕정면 용머리길 40 유니콘101 216호
전자우편 forestwhalepublish@naver.com

종이책 979-11-94741-39-8
전자책 979-11-94741-38-1

ⓒ 포레스트 웨일 | 2025
· 이 책은 저작권법에 의하여 보호받는 저작물이므로 무단 전재와 복제를 금합니다.
· 이 책 내용의 전부 또는 일부를 이용하려면 사전에 저작권자와 포레스트 웨일의 서면 동의를 얻어야 합니다.

작가님들과 함께 성장하는 출판사
포레스트 웨일입니다.
작가님들의 소중한 원고를 받고 있습니다.
forestwhalepublish@naver.com